Dirk Schliephake (Hg.)

12 kreative Gottesdienste mit Mädchen und Jungen

Zum EKD-Plan für den Kindergottesdienst 2012

Vandenhoeck & Ruprecht

Erarbeitet von Ulrike Baldermann, Hans Freudenberg, Maike Lauther-Pohl, Siegfried Macht, Simone Merkel, Andrea Petritsch, Uta Pohl-Patalong, Dirk Schliephake, Martin Steinhäuser, Martina Steinkühler, Dietrich Steinwede, Andrea Wauer-Höflich

Mit 16 Abbildungen
Illustrationen von Rebecca Meyer

Bibliografische Information der Deutschen Nationalbibliothek

Die Deutsche Nationalbibliothek verzeichnet diese Publikation
in der Deutschen Nationalbibliografie; detaillierte bibliografische
Daten sind im Internet über http://dnb.d-nb.de abrufbar.

ISBN 978-3-525-63031-0
ISBN 978-3-647-63031-1 (E-Book)

Umschlagabbildung: www.digitalstock.de

Satz: textformart, Göttingen
Druck und Bindung: ⊕ Hubert & Co, Göttingen

Gedruckt auf alterungsbeständigem Papier.

V&R

DIENST AM WORT

Die Reihe für Gottesdienst und Gemeindearbeit

Band 139

Vandenhoeck & Ruprecht

Inhalt

Einleitung

Liebe Mitarbeitende im Kindergottesdienst,

bei den Vorarbeiten zu diesem neuen Band *12 kreative Gottesdienste* schrieb meine Berliner Kindergottesdienst-Kollegin Simone Merkel: „Oft werden Kindergottesdienste in altersmäßig bunt gemischten Gruppen gefeiert. Kinder im Alter von 2 bis 12 Jahren sind dabei. Das ist eine wunderbare Mischung einerseits und stellt das Team vor besondere Herausforderungen andererseits. Wie muss die Verkündigung gestaltet sein, damit sie Zwei- und Zwölfjährige gleichermaßen erreicht? Ist das überhaupt möglich und das erstrebenswerte Ziel? Welche Methoden und Ideen braucht das Team, um die Kleinen nicht zu überfordern und die Großen nicht zu langweilen? Wir kann die gemeinsame Erfahrung der Nähe Gottes gelingen?"

Die Autorinnen und Autoren dieses neuen Bandes *12 kreative Gottesdienste* stellten sich mutig diesen Herausforderungen und entwickelten vielfältige *Gottesdienste für alle*. Diese spiegeln die ausgezeichnete theologische und religionspädagogische Qualität der evangelischen Kindergottesdienstarbeit in Deutschland und Österreich wieder.

Besonders freue ich mich, dass *Uta Pohl-Patalong* und *Maike Lauther-Pohl* Elemente des Bibliologs mit Kindern wegweisend einbringen und *Martin Steinhäuser* komprimiert Godly Play ins Spiel bringt. *Martina Steinkühler* nimmt Kinder und Mitarbeitende hinein in die Passion Jesu mit ihrem neuen lebensgeschichtlichen und offenen Erzählansatz und *Siegfried Macht* lädt im November unsere Verstorbenen ein ins Licht der tröstenden Festtafel Gottes.

Das Theologisieren mit Kindern, liturgische Leckerbissen sowie Erzählungen, die die biblischen Texte und die Kinder gleichermaßen ernst nehmen, bieten reichlich Praxismaterial für den verkündigenden Dienst am Wort.

Die *12 kreativen Gottesdienste* dieses neuen Bandes orientieren sich wieder an den Einheiten im EKD-Plan für den Kindergottesdienst im Kirchenjahr und an der Grundstruktur des Evangelischen Gottesdienstbuches. So finden sich liturgische Bausteine zu den vier Phasen: Ankommen und mit Gott reden, Erzählen und Vertiefen, Feiern und Spielen, Gesegnet weitergehen.

Jeder Entwurf bietet nach einem ersten *Einfall* interessante *Entdeckungen am Text*, die das Gottesdienstteam anregen, sich intensiv mit Gottes Wort, den Kindern vor Ort und der eigenen Spiritualität auseinanderzusetzen. Schließlich werden in den *Entscheidungen* die „roten Fäden" des Gottesdienstes theologisch, religionspädagogisch und didaktisch begründet. Im *Ablauf im Überblick* werden wesentliche Bausteine übersichtlich dargestellt. M1 bis Mxy verweisen auf die Materialseiten mit Erzählungen, Gebeten, und kreativen Vorschlägen. Ein Themenlied steht jeweils den Gottesdiensten voran und kann nach Belieben eingebaut werden.

Neu ist dabei: Wir lassen die 12 Gottesdienste unter dem Motto „Klein und Groß zusammen" mit immer dem gleichen Lied beginnen: „Wir alle sind ein Leib!" (Lied A) und enden mit dem Lied: „Adé, adieu, mit Gott" (Lied B).

Ich danke sehr herzlich allen Autorinnen und Autoren, die sich am Entstehen dieses Bandes beteiligt haben. Danke für die lebendige Vielfalt! Und Gottes Segen allen, die mit diesem Buch arbeiten und starke und stärkende Gottesdienste mit Kindern feiern.

Ihr Dirk Schliephake, Herausgeber

A

Wir alle sind ein Leib

Wir al-le sind ein Leib: ein Leib hat vie-le Glie-der; ob

Hand, ob Fuß, ob Mund, ob Ohr, man braucht sie im-mer wie-der. Wir

al-le sind ein Leib: Ein Leib hat vie-le Glie-der; ob

Hand, ob Fuß, ob Mund, ob Ohr, man braucht sie im-mer wie-der.

Text: nach 1. Kor. 12, 12-18
Melodie: Siegfried Macht
aus: Siegfried Macht, Kleine Leute - große Töne,
Verlag Junge Gemeinde, Leinfelden-Echterdingen

Ade, Adieu, mit Gott

Kanon für 2 Stimmen

1. Am | Dm7 | G7 | C | 2.

A - de, A-dieu, mit Gott geh dei-nen Weg ge - trost: Er

Am | Dm7 | G7 | C

wird ihn mit dir gehn bis wir uns wie - der - sehn.

Text und Musik: Siegfried Macht

EIN STERN FÜRS GANZE NEUE JAHR

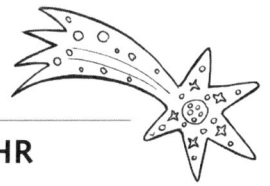

Von einem Tag zum andern

1. Von ei - nem Tag zum an - dern, ein Stern be - ginnt zu wan - dern. Wir zie - hen mit, wir zie - hen mit.

Text: Werner Schmölders (Str. 1) / Wilhelm Willms (Str. 2,3)
Melodie: Ludger Edelkötter

2. Der Stern ist uns ein Zeichen,
von dem wir nicht mehr weichen.
Wir folgen ihm, wir folgen ihm.

3. Wir setzen neue Zeichen,
indem wir Hände reichen.
Wir kehren um, wir kehren um.

Impulse Musikverlag Drensteinfurt

Einfall

Wir lösen den Stern von Bethlehem (den Stern, der die Weisen zum Stall führt) von der Weihnachtsgeschichte, die schon hinter uns liegt, und betrachten in seinem Schein unser Jahr: Auffordernd leuchtet der Stern und dies ist das Motto: „Eine Kette von Kindern, von überall her, von über den Bergen, von über dem Meer, die armen, die reichen, die fassen sich an, der Stern steht für alle und leuchtet voran." (Friedrich Hoffmann).

Entdeckungen am Text (Willi Fährmann, Ein Stern geht auf)

Im Vorbereitungskreis lesen Sie die Geschichte, am besten gleich laut. Üben Sie „erzählendes Vorlesen". Gehen Sie den *Weg der Geschichte* nach – vom Bücken nach dem Stern zum Spott über seine Hässlichkeit; von der Umschau in der Welt bis zum Anfang hier und jetzt. Sie spüren den *Aufforderungscharakter* der Geschichte: Zu einem in die Welt hinausgreifenden Denken und Mitfühlen wird aufgerufen.

Entscheidungen

Die Geschichte steht im Mittelpunkt. Sie wird durch ein Anspiel (Das ist ungerecht!) von Anfang an fokussiert: Abgeben ist angesagt; sonst können nicht alle zusammen glücklich sein. Sonst sind wir keine Familie. In Spiel (dafür evtl. vorher Stern-Kekse backen!) und Lied achten wir darauf, dass Kleine wie Große zu ihrem Recht kommen. Die Geschichte erzählt zwar von Gleichaltrigen (Kinder der 3b), aber im weltumspannenden Helfen spielt es keine Rolle, ob einer größer oder kleiner ist.

Der Ablauf im Überblick

Geschehen	Inhalt	Material
Ankommen	Begrüßung Groß und Klein	Lied A
Einstimmen	Spiel I: Das ist ungerecht!	M1
Erzählen	„Ein Stern geht auf"	M2
Vertiefen	Wie das Licht des Sterns durch uns in der Welt zu leuchten beginnt	M3
	Spiel II: Das ist gerecht!	M1
Weitergehen	Gebet, Lied, Segen	Lied B

Spiel „Das ist (un)gerecht!"

Nach einer Erzählung von Renate Schupp

Ein Tablett mit Sternkeksen wird herumgereicht. Die Kinder der einen Hälfte des Kreises dürfen nehmen – einmal, zweimal, dreimal –, die anderen nicht.

In den wachsenden Protest hinein rufen die Teamer (ältere Kinder, die vorher eingeweiht wurden) von hinten „ungerecht", „ungerecht", bis alle Kinder mitrufen. Die „Ungerecht"-Rufer werden bis „nach der Geschichte" vertröstet.

Nach der Geschichte gibt es eine neue Ladung Kekse. Wieder darf nur die eine Hälfte zugreifen. Aber diesmal gibt sie der anderen ab. (wenn nötig: heimliche Ansage!)

Ein Stern geht auf

Von Willi Fährmann (mit freundlicher Erlaubnis des Autors)

Mitten auf dem Schulhof lag er im Schmutz. Gegen Ende der großen Pause hob Regina ihn vom Boden auf. Es war ein Weihnachtsstern, aus braunem Lebkuchenteig gebacken und mit Zuckerguss dick überzogen. In der Klasse legte Regina den Stern vor Frau Tiltfuchs auf das Lehrerpult. „Den habe ich auf dem Schulhof gefunden", sagte sie. „Den hat jemand weggeworfen", sagte Karolin. „Der ist schmutzig, den kann niemand mehr essen", sagte Ferdi. „Wenn einer richtig Hunger hat, dann würd er ihn doch essen", behauptete Regina. „Bieh! Ich würde ihn nie in den Mund stecken", sagte Ferdi. Frau Tiltfuchs hörte den Kindern eine Weile schweigend zu. „Wer hat denn von euch schon einmal einen richtigen, großen Hunger gespürt?", fragte sie schließlich. Einige Finger fuhren in die Luft. „Ich musste mal ohne Abendessen ins Bett." „Wir haben im Sommer bei einem Ausflug unseren Picknickkorb vergessen." „Wir haben Tante Emmi besucht. Aber sie hat uns nichts zu essen angeboten." „War euer Hunger so groß, dass ihr den Stern gegessen hättet?", wollte Frau Tiltfuchs wissen. (…)

Gespräch mit den Kindern über eigene Erfahrungen

Da erzählte Frau Tiltfuchs die Geschichte vom kleinen Sindra Singh, der im fernen Indien lebt und der ungefähr so als ist wie die Kinder in der 3b. Jeden Tag bekommt Sindra (…) eine Hand voll Reis. Das sind ungefähr 350 Reiskörner. Sindra hat sie gezählt. 150 isst er, sobald er den Reis (…) bekommt. 100 Körner steckt er in den Mund, wenn die Sonne ganz hoch steht. Den Rest hebt er auf, bis der Sonnenball die Erde berührt. Manchmal mogelt er ein wenig und beginnt zu essen, wenn die Sonne noch hoch in den Bäumen hängt. „Was meint ihr", fragte Frau Tiltfuchs die Kinder, „ob Sindra Dingh den Lebkuchenstern wohl essen würde?" (…)

Gespräch mit den Kindern über eigene Erfahrungen

„Und hier liegt der Stern auf dem Schulhof. Im Dreck liegt er, auf dem Boden!" „Mein Opa hat gesagt, Brot darf man nicht wegwerfen", berichtete Mathilde. „Er sagt, das hat er von seinem Vater gelernt. Der

war in Kriegsgefangenschaft." „In Afrika hungern die Menschen auch",
sagte Ferdi. „Und in Brasilien auch. Da hat es zwei Jahre lang nicht ge-
regnet", wusste Karolin. „Mein Onkel hat aus Anatolien geschrieben",
berichtete Zeki. „Es hat dort ein Erdbeben gegeben und die Menschen
haben kaum noch etwas zu essen." Marie hatte bislang gar nichts gesagt. Jetzt meldete sie sich. „Wir haben doch gestern Abend bei der
Adventsfeier für die Eltern gesungen und gespielt", sagte sie. „Wir haben Geld gesammelt. Davon könnten wir doch ein Paket packen." (…)
„Übermorgen fährt ein Lastwagen von der Kirche aus in das Erd-
bebengebiet", sagte Karolin. „Das nimmt das Paket sicher mit." Die
Kinder waren begeistert. Sie schrieben an die Tafel, was sie alles in das
Paket packen wollten: Schokolade und Marzipan, Mehl, Zucker, Gebäck, Konserven und und und … Als es zur Pause läutete, wusste jedes Kind in der Klasse, was es am Nachmittag für das Paket einkaufen
sollte. Das war die einzige Hausaufgabe an diesem Tag. Zum Schluss
hielt Frau Tiltfuchs den Lebkuchenstern hoch. „Irre ich mich, Kinder,
oder leuchtet er jetzt wirklich ein bisschen?" Die Kinder meinten auch,
dass er ein wenig heller aussehe.

Vertiefendes Gespräch mit den Kindern. Wenn genügend Zeit ist, folgt noch
Teil 2 der Geschichte:

Die Lehrerin ging ziemlich müde, aber zufrieden nach Hause. Am
Abend schrillte das Telefon. Herr Semmelweid, der Vater von Ferdi,
beschwerte sich. Das Geld sei für die Klasse gesammelt worden. Das
Geld sei für das Papier gedacht und für Farbstifte. Das Geld solle den
Kindern der Klasse 3b zugute kommen. Das Geld solle nicht zum
Fenster hinausgeworfen werden. Frau Tiltfuchs wandte ein, dass die
Kinder selbst auf die Idee gekommen waren, mit dem Geld in der Ad-
ventszeit etwas Gutes zu tun. Herr Semmelweid sagte, dass die Schule
dazu nicht da sei. „Aber der Stern, Herr Semmelweid, hat Ferdi denn
nichts von dem Stern erzählt?" „Stern?", sagte Herr Semmelweid: „Was
für ein Stern?" „Na", sagte Frau Tiltfuchs ein wenig hilflos, „der Lebkuchenstern. Der fing auf einmal an zu leuchten, als die Kinder auf den
Gedanken mit dem Paket kamen. Ich meine …" „Sie wollen mich wohl
auf den Arm nehmen, wie?", schimpfte Herr Semmelweid. „Ich werde
andere Schritte unternehmen. Den Minister werde ich …" „Fragen Sie
doch Ihren Ferdi mal nach dem Stern. Der hat es auch gesehen!", konnte

Frau Tiltfuchs noch einwenden, da hatte Ferdis Vater den Hörer schon aufgelegt.

Hier können die Kinder in die Rolle von Frau Tiltfuchs' Ehemann schlüpfen und Problemlösungen finden …

Am nächsten Morgen ging die Lehrerin bedrückt zur Schule. Ihr Mann hatte sie zwar getröstet und vorgeschlagen, notfalls die Lebensmittel für das Paket selbst zu bezahlen, aber Frau Tiltfuchs fand, es sei nicht dasselbe. Auf dem Schulhof rannte Ferdi ihr gleich entgegen und reichte ihr einen Brief. Hastig riss sie den Umschlag auf. Fast wäre der Geldschein, der darin steckte, auf den Boden geflattert. Ein paar Zeilen hatte Herr Semmelweid dazugeschrieben. „Sehr geehrte Frau Tiltfuchs", stand da. „Ich habe meinen Sohn Ferdi genau befragt. Ich weiß zwar immer noch nicht, ob es richtig ist, was Sie vorhaben, aber es kam mir so vor, als ob das Leuchten des Sternes noch in Ferdis Augen zu sehen war. Entschuldigen Sie, bitte, meinen Anruf von gestern. Meine Frau sagt häufig, ich sei ein hitziger Typ. Ihr Egon Semmelweid."

Hier können die Kinder ihre Kommentare hineinrufen.

Am Tag darauf fuhr der Lastwagen mit vielen Paketen nach Anatolien. In dem Paket der Klasse 3b lag ein Brief. „Frohe Weihnachten!", stand darin. Alle 26 Kinder hatten ihre Namen darunter geschrieben. „Irgendwo in Anatolien wird ein Stern aufgehen", sagte Frau Tiltfuchs zu ihren Kindern.

Wie das Licht des Sterns zu leuchten beginnt

350 Reiskörner: Ein Stoffbeutel mit Reis macht die Runde. Jedes Kind soll zehn Körner abzählen und vor sich hinlegen (Teller oder Servietten verteilen) – das geht 35mal so (also, je nachdem wie viele Kinder da sind, mehrmals im Kreis; Große helfen Kleinen).

So viel Reis hat Sindra für den ganzen Tag.

Die Reiskörner werden in eine Essschüssel gesammelt. Daneben steht ein Korb.

Und was haben wir?

Im Hintergrund steht eine Kiste mit Lebensmitteln bereit. Die Kinder holen Lebensmittel und legen sie in den Korb, bis er vor Fülle überläuft.

So viel haben wir.

Wir vergleichen. Wir bilden einen Sprechchor (Gruppen A und B mit je einem Vorsprecher / einer Vorsprecherin aus C; C sind die Teamer!)

A   Das ist ungerecht, ungerecht, ungerecht.
      So soll es nicht sein!

B   Wer kann da was machen?

A   Wir! Wir! Wir!

B   Wir können Sindra keine Würstchen schicken!
      Die verderben auf den Weg.

A   Wir schicken Kekse, Kekse, Kekse.

B   Die zerbröseln auf dem Weg.

A   Das ist traurig, traurig, traurig.

B   Dann schicken wir was anderes.
         Dann schicken wir ihm Geld.

A   Und Sindra kauft sich Reis.
         Die ganze Schale voll!

Mehr Reis in die Schale schütten (vorsichtig!)

C   So wächst ein Stück Gerechtigkeit.
         Ganz hell wird die Welt.
         Es glänzt der Stern.
         Und Sindra lacht.
         Und wir, wir geben gern!

Wir fassen uns an den Händen, bilden einen Kreis um Schale und Korb, schreiten zu den letzten vier Zeilen im Kreis.
Kindergottesdienstkollekte einsammeln. Vielleicht in diesem Gottesdienst für Kinder in einer akuten Hungerkatastrophe. Informationen gibt es im Pfarramt oder bei „Brot für die Welt" oder der Diakonie-Katastrophenhilfe.

 Gebet und Segen

     Gott, guter Gott, lass mich deinen Stern sehen,
     den Stern der Hoffnung. Gib mir ein offenes Herz
     für die hungernden Kinder in der Welt.
     Auch sie sollen Hoffnung haben und satt werden. Amen.

Hier singen: L1

     Gott, der du ein Kind geworden bist im armen Stall:
     Segne die hungernden und die armen Kinder der Welt.
     Segne auch uns! Lass ihn leuchten, deinen Stern! Amen.

Februar

EIN STEIN AN DER PFORTE ZUM HIMMEL

Es ist gut

Es ist gut, Got - tes Wort mit Be - dacht zu ent-fal-ten. Es ist
gut, lie - be - voll sei - ne Welt zu ge-stal - ten.
Es ist gut, auf-merk-sam mit ihm Schritt zu hal - ten.

Text und Musik:
Olaf Trenn, Günter Brick

Lebendiger Stein

Text und Musik: Olaf Trenn / Günter Brick

2. Durch Hitze und durch Kälte, durch Wasser und viel Wind
bist du getragen worden, damit ich dich hier find.
Auch deine feinen Linien und Adern sah ich an,
sie zeigen, dass ein Felsen, wie du bist, wachsen kann.

3. Ich bin wie du gewachsen, gewandert und gerollt
und habe mich verändert, vielleicht hat's Gott gewollt,
braucht mich für seine Kirche wie dich für seine Welt,
um Wärme abzugeben, wohin er mich auch stellt.

3.-4.: Ich bin ein lebendiger Stein,
mit dem Gott seine Kirche baut.

4. Ich leg dich sachte nieder, damit ein andrer dann
auf seinen krummen Pfaden dich hier entdecken kann
und laufe einfach weiter, gewiss, du bleibst dir treu.
Ich werde mich verändern, wie treu ich mir auch sei.

◌ Einfall

Die Geschichte von Jakob, dem Sohn Isaaks, ist vielen Kindern vertraut. Sie kennen Jakob als den jüngeren der Zwillingsbrüder. Sie kennen ihn als den, der seinen Vater hinters Licht führt und seinen Bruder übervorteilt. Sie kennen ihn als den Flüchtenden mit dem verheißungsvollen Traum. Hat dieser Jakob auch noch andere Seiten? Lässt sich an ihm und mit ihm anhand der Geschichte im ersten Buch Mose Kapitel 28 noch anderes wahrzunehmen? Welchen Zugang brauchen wir, um Neues zu entdecken?

Das Motiv des Steins kann ein reizvoller Zugang sein. Jakob gelangt zu einer Stätte (Vers 11). Dort findet er Steine vor. Er wählt einen Stein. Er macht ihn zu *seiner* Stätte, zu seiner Ruhestätte in der Nacht (Vers 11). Am anderen Morgen richtet er den Stein auf. Der Stein wird ein Denkstein. Ein Stein zum Erinnern und Nachdenken. Ein Stein, der ein Geheimnis eröffnet hat.

Entdeckungen am Bibeltext (in der Vorbereitungsgruppe)

Um die Aufmerksamkeit in besonderer Weise auf das Motiv des Steins zu lenken, kann es hilfreich sein, die eigene und die symbolische Bedeutung eines Steins ins Gespräch zu bringen. Eine Vielzahl unterschiedlicher Steine (evtl. auch Bilder von Steinen) wird ausgelegt.

GESPRÄCHSIMPULS

Betrachten Sie die Steine! Wählen Sie einen aus. Fühlen Sie ihn in der Hand, auf der Haut! Welche Assoziationen und Erinnerungen ruft der Stein hervor? Was verbinden Sie mit diesem Stein? Welche Geschichte erzählt der Stein? Wo gehört er hin? Mit welchem Ort stellt er eine Verbindung her?

Der Austausch kann lang und ausführlich sein. Vielleicht werden Erinnerungen wach. Vielleicht werden Geschichten erzählt. Gewiss wird klar: Ein Stein ist mehr als ein Beschwernis, ein Anstoß. Ein Stein kann auch die Grundlage sein, der Anfang von Etwas. Ein Stein kann der Erinnerung helfen, er kann einen Ort markieren, zum Denkort werden.

Und nun stellen Sie sich vor: Einer kommt an einen Ort. Er will an diesem Ort übernachten. Er nimmt einen Stein, einen von diesem besonderen Ort. Er nutzt den Stein für sein Nachtlager. Er schläft. Und dann ist die Nacht vorüber. Er erwacht und ist verwirrt und verwundert. Dieser Ort ist ein ungewöhnlicher Ort. Dieser Ort ist Furcht erregend. Hier ist nichts anderes als Gottes Haus. Hier ist die Pforte zum Himmel. Er nimmt den Stein und richtet ihn auf. Er gießt Öl über den Stein. Dieser Stein ist ein Denkstein. Denkstein. Denkmal. Erinnerung. Grundstein für Gottes Haus …

ANEIGNUNG

Fühlen Sie sich hinein, in den Menschen, dem dies widerfahren ist. Was treibt ihn? Was bewegt ihn? Was ist geschehen in dieser Nacht? Was hat er gesehen? Was lässt er an sich heran? Was lässt er in sich ein? Was trägt er in sich weiter? Gibt es diesen Ort? Sagen Sie: Hier ist die Pforte zum Himmel.

EIGENE LEKTÜRE

Erst jetzt nehmen Sie die Bibel zur Hand und lesen Sie die Geschichte 1 Mose 28,10–22.

 ## Entscheidungen

Menschen haben ihre Erfahrungen mit Orten, mit Wegen, mit Lebensfragen und mit der Unverfügbarkeit Gottes in den Text eingewebt. Gerade dies erlaubt uns heute, auf unterschiedliche Weise den Zugang zur Geschichte zu suchen.

Sorgenvoll auf dem Weg sein wie Jakob, entspricht der kindlichen Erfahrungswelt. Aus der Hoffnung auf Zuspruch für ein gelingendes Leben schöpfen Kinder neue Kraft. Was aber kann ihnen dazu verhelfen, die Kraft der Hoffnung und die Gewissheit der Begleitung als innewohnendes und verfügbares Potenzial zu begreifen?

Die Entscheidung fällt auf das Motiv des Steins. Der Stein soll den Weg zum Geheimnis weisen, den Anstoß geben und das Feld für Fragen eröffnen. Es geht um die Möglichkeit zu fragen. Fragen eröffnen die Möglichkeit der Gottesbegegnung.

Angeboten werden zwei Lieder, die inhaltlich gut passen, ein leichteres und ein komplexes – zum Einsatz je nach Gruppe und Geschmack.

Der Ablauf im Überblick

Geschehen	Inhalt	Material
Ankommen	Begrüßung Groß und Klein	Lied A
Einstimmen	Aktion A: Steine sammeln, Steingeschichten erzählen, Steine aufrichten	M1
Erzählen	Ein Stein an der Pforte zum Himmel	M2
Erleben / Vertiefen	Aktion B: Werkstatt (was man mit Steinen alles machen kann)	M3
Weitergehen	Gebet, Lied, Segen; jedes Kind bekommt „seinen" Stein mit auf den Weg	Lied B

$\mathcal{M}_1$ Aktion A: Steine

IM GELÄNDE / GEMEINDERAUM

Je nach Ort, Zeit und Witterung: Gibt es ein Gelände, wo die Kinder sicher genug und frei genug eigene Steine sammeln können? Alternative 1: Das Team hat vorher schöne Steine zusammengetragen und versteckt. Die Steine werden gesucht. Alternative 2: Die Kinder sind im Vorfeld (in der Einladung) aufgefordert worden, eigene Lieblingssteine mitzubringen.

IM KREIS / GESPRÄCHSIMPULS

So viele Steine. Sie sind so verschieden. Ich frage mich, woher sie kommen …

Die Kinder dürfen frei erzählen. Sie können ermutigt werden, Geschichten dieser Steine zu erzählen. Dabei gibt es weder richtig noch falsch. Die Assoziationen der Kinder sind wichtig. Damit bereiten sie selbst die Brücke vor, die sie brauchen, um sich Jakob zu nähern.

ALTERNATIV / ERGÄNZEND ZU M2

Die Leitende erzählt von ihrem Stein (Kalkstein) …

Dieser Stein hat eine Geschichte. Sie ist viele Hunderte und Tausende Jahre alt. Aus den Schalen und Knochen der Meeresbewohner, der Muscheln und Schnecken und anderer kleiner und großer Tiere, ist er entstanden. Das Meer hat die Muscheln und Schalen zurückgelassen, das Eis hat sie geschoben und gedrückt und gepresst. Viele Jahre war das so, lange bevor die Menschen gelebt haben. Der Stein erzählt die Geschichte von der Entstehung der Erde. Darum ist es mein besonderer Stein.

Mein besonderer Stein ist er auch aus einem anderen Grund. Aus diesem Stein kann man Häuser bauen. Wenn der Stein schön bearbeitet und glatt behauen ist, dann ist er das glänzende Gesicht eines Hauses. Das Reichstagsgebäude in Berlin, das Haus in dem die Regierung tagt, hat so ein „Kalksteingesicht". Und sieht es nicht schick aus damit? Wenn dieser Stein gemahlen und gebrannt und mit anderen Stoffen vermischt wird, dann kann daraus die „Klebemasse" für die Bausteine werden, der Zement. Den braucht man fast immer, wenn man ein Haus bauen will. Der schöne Stein ist dann zwar nicht mehr zu sehen, aber er ist trotzdem dabei. Mittendrin ist er dann.

Der wichtigste Grund aber, warum der Stein mein besonderer ist, ist dieser: Ich habe ihn dort gefunden, wo ich als Kind besonders gern gespielt habe. Ich bin in einem Ort aufgewachsen, in dem es einen Kalksteinbruch gibt. In der Nähe dieses Bruches habe ich mich mit meinen Freunden getroffen. Die Ränder des Bruches waren wild bewachsen. Wir konnten uns dort verstecken, Buden bauen und rumstromern, ohne entdeckt zu werden. Und wir konnten Steine finden, solche Steine, die etwas ganz Besonderes sind. Der Stein erinnert mich an meine Freunde, an die Geschichten, die wir uns erzählt haben und an die Entdeckungen, die wir gemacht haben. Mein besonderer Stein. Und dein besonderer Stein … ?

Geschichte

Ein Stein an der Pforte zum Himmel

Das ist mein besonderer Stein. Ich glaube, jeder von euch hat einen besonderen Stein. Vielleicht ist er nicht aus Kalk, sondern aus Ton und selbst gebrannt. Oder er ist aus Granit wie die Steine, die man auf den Feldern finden kann. Vielleicht ist es ein Vulkanstein, der an den Urlaub erinnert. Vielleicht ist es ein Stein mit einem Loch, den du bei einer Küstenwanderung gefunden hast. Vielleicht ist es der Stein von dem alten Haus, in dem du so gerne gewohnt hast. Vielleicht ist der Stein ein Geschenk von deiner besten Freundin.

Gneis
Basalt

Er liegt so schmeichelnd in deiner Hand und erinnert dich an die Freundschaft. Immer ist es ein besonderer Stein, weil er dich an etwas erinnert. In der Erinnerung verbindet er dich mit einem Ort, mit einer Begebenheit oder mit einer Person. (*Anmerkung: Je nachdem wie die Phase der Einstimmung im Kindergottesdienst gestaltet wird, kann dieser Teil verändert werden. Ggf. kann gänzlich darauf verzichtet werden.*)

Jeder hat einen besonderen Stein. Jedenfalls weiß ich von Einem. Der hatte einen Stein, der ihn an Gott erinnert. Das ist seltsam. Kann ein

Stein an Gott erinnern? Das Kreuz erinnert uns an Gott und die Bibel vielleicht, aber ein Stein? Während ich das sage, wundere ich mich selbst! *(Anmerkung: An dieser Stelle können die Reaktionen der Kinder Platz finden. Was erinnert die Kinder an Gott? Die Frage, warum gerade ein Stein an Gott erinnert, kann die Aufmerksamkeit fokussieren.)*

Ich muss euch die Geschichte von vorn erzählen. Vielleicht verstehen wir die Sache mit dem Stein und der Erinnerung an Gott dann besser. Da ist einer, ein junger Mann. Der Vater sagt zu ihm: „Es ist Zeit. Mach dich auf den Weg. Geh fort von hier. Zieh in das Land, in dem die Familie deiner Mutter lebt. Geh dort hin und wähl dir eine Frau. Du bist alt genug, um eine Familie zu gründen. Du wirst eine Frau finden und dich verlieben. Gott segnet dich. Du wirst eine große Familie haben und erfolgreich sein." Es ist Zeit, hat der Vater gesagt.

Er hat dem jungen Mann alles mitgegeben, was er brauchen kann. Er hat ihm alle guten Wünsche gegeben und er hat ihn gesegnet. Der junge Mann geht. Er macht sich auf den Weg. Alles ist anders als bisher. Er ist auf sich selbst gestellt, kein Vater an seiner Seite, der Rat geben kann. Keine Mutter, die vermitteln könnte. Kein Bruder, mit dem er seine Kräfte messen kann. Er ist unterwegs. Er soll neu anfangen, allein. Wird alles gut gehen? Werde ich den Weg finden? Werde ich bei ihnen arbeiten können? Werden sie mich achten und anerkennen? Werde ich eine Frau finden? Werde ich eines Tages nach Hause zurückkehren?

Er geht. Er hat die Zusage und den Segen des Vaters. Trotzdem sorgt er sich. Er geht, und je weiter er läuft, umso dunkler werden seine Gedanken. Dunkel wie Wolken. Groß wie Schatten. Der Abend ist nah. Er hat eine Stelle erreicht, eine Stätte. Ein guter Platz zum Übernachten. Steine sind aufgetürmt. Große und kleine, besondere Steine, Steine zur Erinnerung. Eine gute Stätte, denkt er, hier bleibe ich. Er nimmt einen Stein von dieser Stelle. Er nimmt einen glatten, einen mit auffälligem Muster, einen ganz besonderen Stein. Er legt ihn dorthin, wo er sein Nachtlager aufschlagen will. Und dann schläft er ein.

(Anmerkung: In der Erzählung kann zunächst auf die Beschreibung des Traums verzichtet werden. Das eröffnet das freie Gespräch über die besondere Erfahrung, die Jakob in dieser Nacht macht.)

Die Schatten sind verschwunden. Es ist finster geworden. Die Wolken kommen und gehen und er träumt. Er sieht eine Leiter. Sie steht auf Boden an diesem Ort. Die Spitze reicht bis in den Himmel. An der Leiter steigen Engel auf und ab. Ganz oben aber ist Gott. Und Gott spricht: „Ich bin der Gott Abrahams und der Gott deines Vaters Isaak. Abraham und Isaak habe ich mein Versprechen gegeben und habe sie gesegnet. Und auch dir gebe ich mein Versprechen. Ich bin mit dir, wohin du auch gehst. Ich werde dich behüten und dich nicht verlassen. Da kannst du ganz sicher sein, das ist gewiss."

FORTSETZUNG

Stunden vergehen. Die Nacht ist vorüber. Der Morgen ist nah. Der junge Mann erwacht. Er ist verwirrt und verwundert. Dieser Ort ist ein ungewöhnlicher Ort. Dieser Ort ist furchtbar. Hier ist nichts anderes als Gottes Haus. Hier ist die Pforte zum Himmel. Er streicht über den Stein. Nun stellt er ihn aufrecht. Er nimmt das kleine Fläschchen mit dem kostbaren Öl aus seinem Gewand und gießt es über den Stein. Dieser Stein wird mich immer an Gott erinnern. Dieser Ort ist Gottes Ort, diese Steine sind Gottes Haus. Dann macht er sich auf den Weg. Ganz sicher und ganz gewiss.

[handschriftliche Randnotiz: schön + furchtbar.]

GESPRÄCHSIMPULS

Was für eine Nacht! Was für eine Nacht muss das gewesen sein? Was mag diesem jungen Mann widerfahren sein? So ein ungewöhnlicher Ort! Ich wundere mich über diese Worte: Hier ist die Pforte zum Himmel.

SCHLUSSGEDANKE

Diesen Ort wollte sich der junge Mann unbedingt merken. An diesem Ort war ihm Gott so nahe wie nie zuvor. Nie zuvor hat Gott ihm ein solches Versprechen gegeben: Ich bin mit dir, wohin du auch gehst. Ich werde dich behüten und dich nicht verlassen. Er heißt Jakob, der junge Mann.

 **Aktion B: Werkstatt**

Für jüngere Kinder
Aktion auf der Baustelle
IMPULS

Was können wir mit den Steinen machen? – Die Kinder bekommen die Möglichkeit, mit den mitgebrachten und weiteren Bausteinen zu gestalten. Häuser, Baustellen, Tore, Türme, Städte … werden gebaut.

Für alle Kinder
Steine gestalten
IMPULS

Mein Erinnerungsstein – mein Denkstein: Die Kinder wählen einen Stein, der für sie besondere Bedeutung hat. Sie entscheiden, welche Gestaltung der Stein bekommen soll, damit das, woran er erinnert, verstärkt wird.

MATERIAL

Temperafarben, Kreiden o. ä.

Für ältere Kinder
Elfchen schreiben

Ein Elfchen ist ein kurzes Gedicht mit einer vorgegebenen Form. Es besteht aus elf Wörtern, die in festgelegter Folge auf fünf Zeilen verteilt werden. Für jede Zeile wird eine Anforderung formuliert, die (je nach gegebenenfalls vorhandener didaktischer Vorgabe) variiert werden kann.

Zeile 1	1 Wort	Gedanke, Gegenstand, Farbe, Geruch o. ä.
Zeile 2	2 Wörter	Entfaltung des Wortes aus Zeile 1
Zeile 3	3 Wörter	Wo / wie ist das Wort in Zeile 1?
Zeile 4	4 Wörter	Was meinst du?
Zeile 5	1 Wort	Was kommt dabei heraus?

http://de.wikipedia.org/wiki/Elfchen

März

EIN WEG ÜBER DAS WASSER

Wenn ich fast versinke

Wenn ich fast ver-sin - ke, bö - se Bli-cke trin - ke, schrei-e ich zu dir: Du, Herr, hilfst mir.

Text nach Psalm 124
Musik: Siegfried Macht
aus: Siegfried Macht, Haus aus lebendigen Steinen
Strube, München 1999

Einfall

Was tut eigentlich Petrus, während die anderen vor Jesus niederfallen? – Wir wollen die Geschichte vom „sinkenden Petrus" durch einen *Bibliolog* entdecken und erkunden.

Entdeckungen am Bibeltext

Der Entwurf folgt dem Ansatz des Bibliologs, einem interaktiven Zugang zur Bibel. Mit einem Bibliolog kommen Sie der biblischen Geschichte näher, indem er die „Zwischenräume" des Textes mit der Phantasie der Teilnehmenden füllt. Diese Zwischenräume werden als „weißes Feuer" verstanden, das einen Zugang zum „schwarze Feuer" – das ist der biblischen Text, wie er dort steht – eröffnet. Die Teilnehmenden identifizieren sich mit Personen aus der Geschichte. Sie sprechen für sie und antworten auf Fragen, die der Text – zwischen den Zeilen – aufwirft, aber nicht beantwortet. Es gibt viele mögliche und gleich wichtige Antworten auf dieselbe Frage, der Text wird als mehrdeutig verstanden und nicht auf eine Aussage hin zugespitzt.

Insofern findet sich auf der Grundlage des Bibliologs auch für diesen Kindergottesdienst gerade nicht die eine inhaltliche Ausrichtung, die das Erleben der Kinder prägen soll, sondern mehrere Spuren werden gelegt, die vom Text eröffnet (aber auch durch den Text begrenzt) werden. Vielleicht gibt es in diesem Gottesdienst Entdeckungen, wie es ist, im Angesicht Jesu etwas zu wagen; vielleicht bewegt die Kinder das Gegenüber von Erfolg und Scheitern, sie erleben hautnah Konkurrenz, Neid und Sorge unter den Jüngern, die Erfahrung der Rettung durch Jesus, das Verhältnis von Glaube und Zweifel, die Sehnsucht, den Erwartungen Jesu (bzw. Gottes) gerecht zu werden; die Frage steht im Raum, ob Kleingläubigkeit minderen Glauben bedeutet – und noch mehr …

Es ist sinnvoll, dass Sie als Kindergottesdienstteam mit diesem Ansatz zunächst selbst Erfahrungen machen und ausprobieren, wie der Text sich Ihnen öffnet – und sich dann überlegen, wie Sie diese Erfahrung mit den Kindern teilen wollen und können. Und so kann es gehen:

Ideal ist es, wenn die Leitung Sie in den Text hineinführt, das Geschehen an verschiedenen Stellen anhält, Ihnen eine Rolle zuweist und Sie als diese fragt; Ihre Äußerungen gibt sie im sogenannten *echoing* wieder. Voraussetzung dafür ist allerdings, dass die Leitung den Zugang des Bibliologs erlernt hat; Bibliolog sollte nicht ohne die entsprechenden Kompetenzen (die in einem einwöchigen Kurs erworben werden können, Kurse unter www.bibliolog.de) durchgeführt werden, da er wesentlich anspruchsvoller ist, als beim Lesen oft vermutet wird. Es könnte für das Vorbereitungstreffen eine Bibliolog-erfahrene Person aus der Region eingeladen werden (Adressenliste nach Postleitzahlen sortiert ebenfalls unter www.bibliolog.de zu finden). Steht keine Bibliologin bzw. kein Bibliologe zur Verfügung, empfehlen wir folgenden Weg:

Lesen Sie für sich selbst und in der Gruppe den Text mehrfach laut und leise. Nehmen Sie dabei zunächst den Wortlaut und die Handlung genau wahr (das „schwarze Feuer"). Anschließend schüren Sie in der Gruppe das weiße Feuer: Welche Fragen wirft der Text auf, ohne sie zu beantworten?

Dies sind Fragen wie: Was bringt Petrus dazu, die Worte zu sagen, worum geht es ihm? Was denken und fühlen die anderen Jüngerinnen und Jünger dabei? Wie ist es für Jesus, als er Petrus auf sich zukommen sieht? Was genau passiert, als Petrus die großen Wellen sieht? Wie reagieren die anderen, als sie Petrus sinken sehen? Mit welchen Gefühlen streckt Jesus die Hand zu Petrus aus und was schwingt alles in seinen Worten mit: „Du Kleingläubiger, warum hast du gezweifelt?" Wie ist es für Petrus, dies zu hören – und für die anderen? Was tut eigentlich Petrus, während die anderen vor Jesus niederfallen? Das sind aber nur Beispiele – entdecken Sie selbst, welche Fragen in dem Text enthalten sind.

Gehen Sie also den Text zu zweit oder dritt langsam durch und formulieren Sie Fragen, die sichtbar machen, was die beteiligten Personen gedacht, gefühlt, erlebt haben können.

Die Fragen werden mit Versangabe auf Moderationskarten geschrieben und anschließend im Plenum in der Reihenfolge, wie sie der biblischen Geschichte zuzuordnen sind, vorgetragen.

Im zweiten Durchgang trägt die Gruppe mündlich Antworten und damit Deutungsmöglichkeiten zusammen. Die Leitung achtet darauf, dass diese als gleichwertig nebeneinander stehen bleiben und keine Diskussion über „besseres" und „schlechteres" Verständnis des Textes erfolgt.

In einem weiteren Schritt wählen Sie einige Stellen aus, an denen das „weiße Feuer" besonders deutlich lodert. Erproben Sie im Stehen, wie verschiedene Antwortmöglichkeiten körperlich auszudrücken sind: Wie macht Petrus den Schritt aus dem Boot auf das Wasser? Welche Haltung haben die anderen Jünger in diesem Moment? Wie streckt Jesus die Hand aus und wie ergreift Petrus sie? Was macht Petrus, während die anderen Jünger vor Jesus niederfallen?

Entscheidungen

Im Kindergottesdienst kann im Wesentlichen der gleiche Weg beschritten werden, die Geschichte von innen her zu erleben.

Wichtige Hinweise

Wertschätzung aller ist ein Wesenszug dieser Auslegungsform. Es ist wichtig, die Aussagen der Kinder stehen zu lassen. Die Teamer/innen machen deutlich, dass es viele Möglichkeiten gibt, die Geschichte zu verstehen. Die Teamer/innen achten darauf, dass die Fragen wirklich offen sind, also nicht schon durch den Text beantwortet werden. Ruhe und Langsamkeit leiten das Geschehen.

Der Ablauf im Überblick

Geschehen	Inhalt	Material
Ankommen	Begrüßung Groß und Klein	Lied A
Einstimmen	Aktion „Tücher", Lied	M1
Erzählen	Lesen des Bibeltextes, z. B. aus der „Neukirchener Kinderbibel": zweimal von zwei verschiedenen Personen aus unterschiedlichen Richtungen	
Vertiefen	Aneignung und Gestaltung des Textes	M2
Weitergehen	Gebet, Lied, Segen	M3, Lied B

M1 Stimmungen und Farben

Vor dem Altar ist ein großes Tuch ausgebreitet, auf ihm stehen am Rand zwei Körbe mit Chiffonstreifen: In dem einen Korb finden sich Stoffstreifen in gelben und roten Farbtönen, in dem anderen solche in dunkleren blauen oder grünen Farben. Die Kinder werden eingeladen, nacheinander nach vorn zu kommen und mit den Stoffstreifen auszudrücken, was sie beschäftigt. Haben sie in letzter Zeit etwas Schönes erlebt, von dem sie vielleicht sogar erzählen wollen, nehmen sie einen roten oder gelben Stoffstreifen und legen ihn auf das Tuch. Steht bei ihnen etwas Trauriges oder Ärgerliches im Vordergrund, nehmen sie einen blauen oder grünen. Auch hier dürfen sie erzählen, wenn sie möchten.

Nach und nach legen die Kinder die Streifen so im Kreis auf das Tuch, dass sich eine Sonne ergibt. Je nach den Erlebnissen der Kinder wird es eher eine helle oder eine verdunkelte Sonne.

Im Anschluss an die Runde lädt eine der Teamer/innen zum Beten ein und fasst in einem kurzen einfachen Gebet etwas von dem Gehörten zusammen, z. B.:

Guter Gott,
wir haben Schönes und Trauriges erlebt.
Wir legen es hier in deine Hände.
Hilf du, dass aus beidem Gutes wird.
Amen

Ein Lied nimmt das Erlebte zusätzlich auf, z. B. „Du bist da, wo Menschen leben".

M₂ Bibliologische Elemente

Die Kinder haben die Geschichte von Petrus, der auf dem Wasser geht, gehört. Nun werden sie eingeladen, in diese Geschichte „einzutauchen".

Eine Teamerin oder ein Teamer liest dann den Text noch einmal so weit, bis die erste Frage auftaucht, die in dem Vorbereitungsprozess ausgewählt wurde. Sie nennt die Frage und lenkt die Aufmerksamkeit der Kinder auf das „weiße Feuer". Sie bittet die Kinder, mögliche Antworten zu nennen: „Was glaubt ihr, wie war das in der Geschichte? Was hat Petrus dazu gebracht, Jesus zu bitten, dass er ihn rufen soll? Was wollte Petrus, woran hat er gedacht?" Oder: „Was meint ihr, was Jesus gedacht hat, als er Petrus auf sich zukommen sieht??"

Die Kinder geben unterschiedliche Antworten. Diese bleiben nebeneinander stehen und werden nicht kritisiert oder diskutiert.

Wenn viele ältere Kinder anwesend sind, kann sich eine Runde anschließen, in der die Kinder gebeten werden, noch andere Fragen zu nennen, die sich aus dieser Textstelle in der Geschichte ergeben, die aber in der Bibel nicht beantwortet werden. Andere Kinder können dann wiederum Antworten dazu finden. Dabei achten die Teamer/innen darauf, dass nur Fragen genutzt werden, die vom Text her offen bleiben (z. B. kann es auf die Frage, ob sich Petrus wirklich traut, aus dem Boot zu zeigen, nicht mehrere „richtige" Antworten geben).

Wenn alle Kinder gesagt haben, was sie sagen wollten, erfolgt der nächste Schritt: Wie könnte das aussehen, was gerade an Antworten fantasiert worden ist? Dazu überlegen die Teamer/innen mit den Kindern gemeinsam, welche der Fragen sie sich noch einmal näher angucken wollen, und fragen sie dann, wie das aussehen könnte: „Welche Haltung hat Petrus dabei eingenommen? Wie sah seine Handhaltung aus, sein Gesicht, war er nach vorn gebeugt oder sehr aufrecht, vorsichtig oder sehr forsch?" Dazu stehen Kinder nacheinander auf und erproben eine Haltung dazu. Auch hier wird nicht kritisiert oder verglichen, sondern jede Haltung ist eine interessante Möglichkeit, den Text zu verstehen.

Nach einer Weile werden die Kinder gebeten, sich wieder zu setzen (wenn es der Bodenbelag ermöglicht, dann einfach auf dem Boden.) Die Geschichte wird einige Verse weitergelesen und bei einer anderen Stelle angehalten, z. B.: „Stellt euch mal vor, wie es war, als Jesus nach Petrus greift und ihn aus dem Wasser holt. Wie ging es Petrus dabei? Was ging ihm durch den Kopf?" Wieder werden Antworten der Kinder gehört. Je nach Intensität des Geschehenen und Konzentration der Gruppe können noch weitere Fragen gestellt werden.

Zum Schluss werden alle Kinder eingeladen, der Reihe nach zu sagen, was für sie an der Geschichte das Wichtigste war.

Mit einem Lied wird das Erlebte abgerundet, z. B. „Gottes Hand hält uns fest wie ein Vogel im Nest" oder „Das wünsch ich sehr, dass immer einer bei mir wär". Dazu können sich alle an den Händen fassen und im Kreis um das gedachte Boot herumgehen oder tanzen.

 ## Segen

Zum Vaterunser stellen sich alle Kinder in einen Halbkreis um den Altar und sprechen gemeinsam. Eine Teamerin lädt zum Segen ein. Sie gibt ihn im Kreis weiter: „Gottes Segen möge uns durch den Tag begleiten", spricht die Teamerin und nimmt dann die Hand des Kindes, das links neben ihr steht, in ihre Hand und zeichnet mit der anderen Hand ein Kreuz in die Handfläche. Dazu spricht sie: „Gott segne dich und behüte dich. Amen."

Das Kind dreht sich zu dem Kind, das wiederum links von ihm steht, nimmt seine Hand in die eigene, gibt das Kreuzzeichen ebenfalls weiter mit den Worten: „Gott segne dich und behüte sich. Amen." So geben alle Kinder und eingereihten Teamer/innen den Segen im Kreis weiter.

April

EIN KREUZ AUF DEM WEG

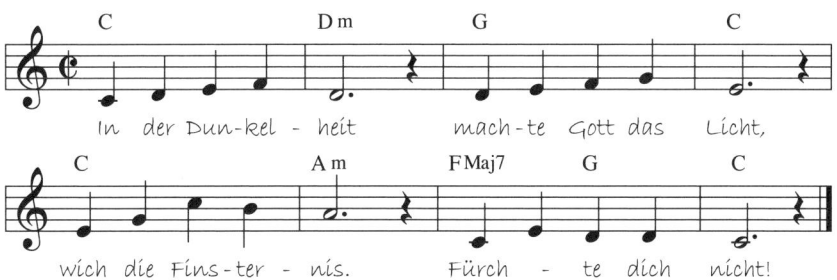

In der Dunkelheit

In der Dun-kel - heit mach-te Gott das Licht,

wich die Fins-ter - nis. Fürch - te dich nicht!

Text und Musik: Siegfried Macht

⊙ Einfall

Angst macht einsam. Die Schulkinder unter den Kindergottesdienstkindern haben es vielleicht schon erlebt: Die gefürchtete Arbeit rückt näher, ich werde still, versuche mich zu konzentrieren; was die anderen um mich herum reden, betrifft mich nicht … Wenn sie doch einfach schweigen wollten, meine Hand halten … Aber sie merken nichts, sie scherzen – schlafen …

⊕ Entdeckungen am Bibeltext (Mt 26,36–46)

Ein Passionstext – da werden Sie in der Vorbereitungsgruppe nicht einsteigen können, ohne Ihr eigenes Verständnis vom Kreuz zu klären bzw. die Fragen, die Sie mit sich herumtragen, zu stellen und zu klären.

Vielleicht bitten Sie den Pfarrer / die Pfarrerin um eine Passionsandacht, bevor Sie Ihre Vorbereitung beginnen. Vielleicht führen Sie danach (oder alternativ) ein *Kreisgespräch*: Um ein Franziskuskreuz oder ein lateinamerikanisches Kreuz mit seinen bunten Farben versammelt, teilen Sie sich Ihre Kreuz-Erfahrungen mit.

Im zweiten Schritt suchen Sie gezielt nach Kreuz-Überwindungs-Erfahrungen. Überlegen Sie im Licht von Ostern, was das Kreuz mit Hoffnung, Trost, Widerstand gegen Unmenschlichkeit zu tun kann. (Achtung: Die Vorstellung, dass durch das „Opfer" Jesu Gottes Zorn besänftigt werden musste, ist unbiblisch und theologisch falsch. Sie vergiftet das Gottesbild und ist (nicht nur) für Kinder ganz ungeeignet!)

Im dritten Schritt nähern Sie sich dem Text selbst. Nehmen Sie folgende Erläuterungen hinzu, die in der Fülle von Denk- und Deutmöglichkeiten bereits eine Schneise schlagen hin zu dem, was zusammen mit den Kindern entdeckt werden kann:

Jesus hat mit seinen Jüngern das Passamahl eingenommen; er hat dabei Brot und Wein auf sich bezogen, auf sein Leben, Sterben und Auferstehen.* Die Jünger müssten endlich der Wahrheit ins Auge sehen:

Der Schatten des Kreuzes liegt längst auf dem Weg, er wird immer länger. Andern hat Jesus geholfen, wieder und wieder, sich selbst aber wird er nicht helfen. Und sie? Können sie ihm helfen?

„Wacht und betet mit mir", bittet Jesus. Das scheint wenig genug. *Da hilft nur noch beten* – sagen wir manchmal und meinen: Da hilft eigentlich gar nichts mehr. Für Jesus ist „beten" viel mehr: Zwiesprache mit Gott, letzte Stärkung im Angesicht des Kreuzes.

Ach, das Kreuz – die Jünger wollen es nicht sehen. Sie schließen lieber die Augen. Das geht vorüber. Wir gehen vorüber. Jesus nicht. Manchmal führt der Weg zum Leben erst ans Kreuz. Das ist nichts für die Jünger. Auch nichts für uns. Aber Jesus hat es auf sich genommen. Für uns.

 ## Entscheidungen

Angenommen, es gibt nur einen Kindergottesdienst in der Passionszeit vor Ostern, und wenn wir ernst nehmen, dass wir immer die *ganze* Geschichte zu erzählen haben – dann geht es vor allem um die Frage der *Fokussierung*. Jesus, Gottes Sohn, der Heiler und Retter – wird sterben. Wir sehen ihn am Kreuz. Er war „einfach zu gut für die Welt", er war den Leuten „unheimlich" – vielleicht kann man das so zusammenfassen.

Jesus hatte Freunde, die wären gern mit ihm geflohen, weg von dem Schatten des Kreuzes. Aber Jesus sah weiter.* Er sah das Kreuz im Licht von Ostern. Keine Schatten mehr, die Ängste überwunden. *Leben, auch wenn wir sterben* – das ist die Hoffnung, die das Kreuz uns zeigt. Ein Geheimnis, ein Rätsel, das wir ebenso wenig erklären können wie die Kinder. Darum ist es angemessen, symbolisch zu deuten, anzudeuten, was geschieht. Zu probieren – mit Schatten und Licht.

---

* Immer mit dem Vorbehalt: So erzählen es die Evangelisten; hier Matthäus!

Ich entscheide mich – trotz vieler Bedenken – dafür, eine Fabel zu erzählen statt der Bibelgeschichte. Ich entscheide mich – gegen meine eigene Überzeugung: Gott soll sprechen und das soll einfach so erzählt werden.

Die Fabel – deshalb, weil kleine und große Kinder zusammen feiern und die Bibelgeschichte allzu viel voraussetzt. Die Fabel, weil eine kleine Maus ohne viel Erklären sowohl die Verletzlichkeit des Lebens symbolisiert als auch „niedlich" ist und somit selbstverständliches Trost-Potenzial anzubieten hat.

Gottes Stimme – deshalb, weil die Kinder mit dieser Geschichte nicht allein gelassen sind, sondern wir im Kindergottesdienst religionspädagogisch arbeiten dürfen: Wir werden die Anstößigkeiten des Textes im Gespräch deutlich nennen und kommentieren und den Kindern Raum geben, Deutungswege zu finden, vor allem aber ihre eigenen Erfahrungen einzutragen: Was wissen sie von Gott, von Jesus, vom Kreuz? Gerade in einer altersgemischten Gruppe muss es darum gehen, hier nicht einfach Input zu bieten, sondern einzusammeln und zu würdigen, was mitgebracht wird und gemeinsam erschlossen werden kann.

Der Ablauf im Überblick

Geschehen	Inhalt	Material
Ankommen	Begrüßung Groß und Klein	Lied A
Einstimmen	Meditation mit Dunkelheit und Licht und mit dem Kreuz	M1
Erzählen	Geschichte / theologische Gespräche	M2
Vertiefen	Projektarbeit: Licht- und Schatten-Spiele Knet-Figuren Bunte Kreuze	M3
Weitergehen	Gebet und Segen	M4, Lied B

Zur Vorbereitung

Für die Projekt-Arbeit brauchen Sie idealerweise drei Räume. Wenn Sie die zur Verfügung haben – nutzen Sie sie auch schon für den ersten Teil: Die Begrüßung findet im Gottesdienstraum statt, die Meditation in einem Nebenraum (der später für die Licht-und-Schattenspiele genutzt wird), die Erzählung wieder im Gottesdienstraum, wo möglichst eine besondere Erzählecke (Erzählzelt) eingerichtet ist. Als Accessoire wäre eine kleine Plüschmaus willkommen.

Das Licht ist stärker

Die Kinder kommen in einen abgedunkelten Raum. Zur Begrüßung brennen Kerzen.

Eine starke Taschenlampe liegt bereit, ein Standkreuz (schlicht, jedenfalls ohne Corpus) steht in der Mitte auf einem weißen Weg, zum Beispiel mit Tüchern gelegt. Eine sichere Trittleiter.

Nach der Begrüßung

Die Kinder suchen sich einen sicheren Platz. Der / die Leitende sagt: Es wird jetzt gleich noch dunkler. Wir werden die Kerzen auspusten. Ich werde euch meine Gedanken zur Dunkelheit sagen. Versucht, einfach zuzuhören, die Dunkelheit zu spüren; macht mal gar nichts, wartet einfach ab.

Die Kerzen werden gelöscht, eine nach der anderen

So, nun wird es dunkel, immer dunkler … Wir ahnen noch die glimmenden Dochte, aber das Licht ist schon weg. Was machen die Augen? Die Augen gewöhnen sich an das Dunkel. Sie wollen trotzdem sehen …

Schließen wir die neugierigen Augen. Horchen wir auf unsere Gefühle. Dunkel, zum Beispiel in der Nacht. Erinnert euch, wie das ist … Ich erinnere mich: Ich bin manchmal erschrocken von so viel Dunkelheit. Ich weiß manchmal nicht genau, wo ich bin. Ich habe das Gefühl: Ich bin allein. Ganz allein. Ich mache Licht. Und ich rufe meinen Mann.

Dunkelheit, Angst, Alleinsein. Das gehört für mich zusammen. Das ist alles nicht schön. Das ist immer erst wieder schön, wenn es vorbei ist. Wenn es vorbei ist, ja. Auch diese Dunkelheit hier wird gleich vorbei sein. Ich kann wieder Licht machen. Und heute Morgen – wir wissen ja auch: Wir sind gar nicht allein. Aber haltet es noch einen Augenblick aus. Ich möchte mit euch noch etwas bedenken:

Dunkel, Angst und Alleinsein. Dafür gibt es ein Zeichen, das wir in dieser Zeit vor Ostern oft sehen und oft bedenken. Dieses Zeichen ist das Kreuz.

Die Taschenlampe einschalten – schräg von oben auf das Kreuz gerichtet; leise flüsternd:

Wer kann – ganz leise – ein paar Worte sagen: Was denkst du über das Kreuz, was weißt du vom Kreuz …?

Murmelphase

Ja, das Kreuz hat mit Jesus zu tun. Mit diesem besonderen Menschen, von dem die Bibel sagt: In ihm war Gott-bei-den-Menschen. Die Menschen haben ihn getötet. Sie haben ihn ans Kreuz geschlagen, ja. Dunkelheit, Angst, Alleinsein. Das hat er erlebt. Dieser besondere Mensch, von dem wir glauben: In ihm war Gott-bei-den-Menschen …

Seht einmal nur auf dieses Kreuz: Da ist ein hoher Balken, der ragt von der Erde hinauf zum Himmel. Da ist ein Querbalken, so ein bisschen wie zwei offene Arme. Wie „Halt, nicht weiter" oder auch wie „Komm, komm in meine Arme."

Dunkelheit, Angst, Alleinsein. Für den, der da hängen muss. Für die, die es sehen … Hoffnung? Komm, komm in meine Arme …

Seht, was das Kreuz macht: Da, es wirft Schatten …

Mit der Taschenlampe verschiedene Perspektiven herstellen – den Schatten wandern lassen, kleiner, größer …

… lange Schatten, kürzere … Was geschieht wohl, wenn das Licht ganz von oben kommt?

Auf die Leiter steigen, Taschenlampenschein steil von oben …

Der Schatten des Kreuzes wird kleiner, schrumpft, ist gar nicht mehr so unheimlich … Was brauchen wir, um die Schatten zu vertreiben? Die Schatten der Dunkelheit, der Angst, des Alleinseins? Menschen, ja.

Trost. Und: Licht. Am besten das Licht der Ostersonne! (Heute scheint sie noch nicht; machen wir also stattdessen einfach das Deckenlicht an / öffnen die Vorhänge … So …

Lied, Auflockerung, am besten Raumwechsel → Erzähllecke / Erzählzelt

Jesus will durch das Dunkel zum Licht

„Kennt ihr das Gesetz des Überlebens? Wenn der Schatten der Eule auf euch fällt – weg! Nichts wie weg! Wenn ihr wartet, bis sie zuschlägt, ist es zu spät." So sprach die Mäusemutter zu ihren Kindern. Gerade hatte sie sie alle in den Bau gejagt. Die Dämmerung war gefallen. Die Eule rief zur Jagd. „Huh … huh …"

„Das war keine Eule", sagte das Jüngste. „Das war ein Mensch." „Menschen sind schlimmer als Eulen", sagte die Mutter. „Die zertreten dich – und merken es nicht einmal."

„Er hatte so ein Leuchten", sagte das Mäusekind. „Und er trat ganz vorsichtig auf. Seine Schritte waren so sacht, dass sie keinen Grashalm krümmten." Die anderen Mäusekinder lachten. „Du spinnst", sagten sie. „Das gibt's doch nicht!"

Das jüngste Mäusekind schämte sich, weil sie lachten. Es setzte sich ein wenig abseits, als die anderen zu spielen begannen. Und wie es der Zufall so wollte: Es setzte sich dicht an das Loch.

Evtl. Zeit für Eintragungen der Kinder (über Jesus, Achtsamkeit …)

Die Mäusemutter machte sich an den Schlafnestern zu schaffen. Sie schüttelte das Gras auf für die Nacht. Die Geschwister spielten. Das jüngste Mäusekind aber steckte sein Näschen aus dem Bau.

Da stand der Mensch. Mit offenen Armen. Sein Schatten fiel auf den Mäusebau. Es war der Schatten eines Kreuzes. Der Mann sprach leise. Sehr leise. Aber Mäuschen haben gute Ohren.

„Vater des Lebens und der Liebe", sagte der Mann und unser Mäuschen verstand: Der spricht nicht mit Menschen, der spricht nicht mit sich. Der spricht jetzt mit Gott.

„Ich kenne das Gesetz des Überlebens. Du kennst es auch. Wenn die Schatten kommen – nichts wie weg. Aber, Vater", sagte der Mann: „Was, wenn man diese Schatten von innen her zum Leuchten bringt?" „Bei den Menschen ist es nicht möglich", sprach Gott. „Bei den Mäusen auch nicht", sagte die Maus.

Evtl. Zeit für Eintragungen der Kinder (über Gott, Gottes Stimme)

„Aber bei Gott, dem Vater des Lebens und der Liebe", sprach Jesus. „Da können selbst die Schatten des Todes hell werden wie Licht!" „Ich bin, der ich bin, und ich bin für euch da", sprach Gott. Und das Mäuschen wusste: Das ist Gottes Name.

„Ich wünschte, meine Freunde würden mir helfen", sagte Jesus. Die Maus sah sich um. Da lagen drei Menschen, ganz in der Nähe. Sie schnarchten leise. Zwei davon. Der Dritte tat nur so. Das Mäuschen dachte: Der weint.

„Bei den Menschen ist es nicht möglich", sprach Gott. „Bei den Mäusen schon", sagte das Mäuschen. Und blitzschnell huschte es hinüber zu Jesus. Es krabbelte auf seinen Fuß und drückte das weiche Mäusefell, so zärtlich es konnte, an Jesu Knöchel.

Evtl. Zeit für Eintragungen der Kinder (über Angst und Trost)

„Ich sehe den Schatten des Kreuzes", sagte Jesus. „Ach, sollen sie mich doch töten. Ich bin ihnen unheimlich. Aber später – später werden sie sehen …" Jesus stutzte. Dann schaute er auf seinen Fuß. Und lächelte. Er ließ die Arme sinken. Der Schatten veränderte seine Form. Jetzt sah er aus wie ein Herz. Und Sternenlicht schimmerte auf Jesu Gewand.

© Luise Stockmann

Projekte

In drei Räumen werden verschiedene Angebote gemacht, die – je nach Zeitrahmen – entweder alle oder in Auswahl genutzt werden.

Raum 1: Licht und Schatten

Leinwand, starke Lichtquelle (z. B. Diaprojektor); eine Teamerin probiert mit den Kindern Fingerspiele. Die Finger können Häschen oder auch Mäuschen sein. Aber auch einfach Handpuppen oder Stabpuppen – Pappköpfe mit Stiel – tun hier einen guten Dienst. Die Kinder können die Szene nachspielen, in der die Mäusemutter die Kinder in den Bau scheucht. Und dann das kleine Mäuschen … wie es überlegt.

Raum 2: Knetfiguren

In der Mitte steht ein Kreuz, gern wiederum ein buntes. Die Kinder dürfen nach Belieben Figuren kneten. Die Ansage dazu: Am Anfang hat Gott unendlich viele Geschöpfe geschaffen. Am Ende werden sie alle heimkehren zu ihm. Heute leisten sie Jesus am Kreuz Beistand. Sie kommen zum Kreuz und warten mit ihm auf die Ostersonne. …

Raum 3: Kreuze

Die Kinder bemalen einfache Holzkreuz-Rohlinge mit Motiven ihrer Wahl: Tiere, Pflanzen, Menschen, Formen, Symbole. Alles, was lebt, gehört zu diesem Gott-bei-den-Menschen, der für die Menschen den Tod erleidet und besiegt. Wenn Sie mit Acrylfarben arbeiten – Kittel nicht vergessen! (Filzstift geht auch!)

M4 Gebet und Segen

Oh Gott, wir fürchten die Dunkelheit.
Du gibst uns Hoffnung, dass das Licht wiederkommt.
Am Ende ist immer Licht.
Das macht dein guter Wille, Gott.

Oh Gott, wir fürchten uns davor, allein zu sein.
Du gibst uns Trost, du schickst uns deine Engel,
um uns zu trösten. Menschen können deine Engel
sein, Gott, oder Tiere. Auch ein kleines Mäuschen.
Sie alle sind deine Geschöpfe, Gott.

Gott, guter Vater aller deiner Geschöpfe:
Sieh uns freundlich an. Lass leuchten dein Licht über uns.
Dann wird unser Leben hell und froh. Amen.

Mai

WASSER DES LEBENS

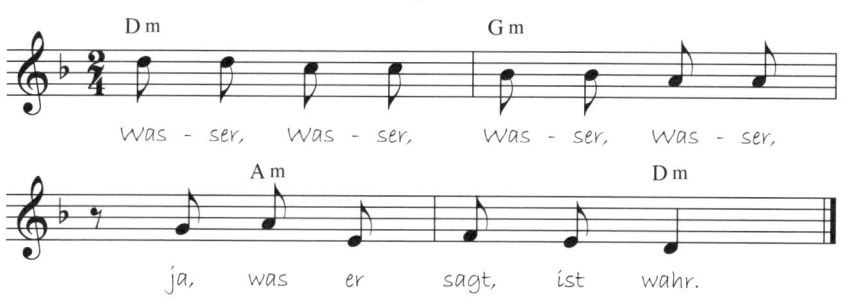

Was er sagt, ist wahr

| Dm | | | | Gm | | | |

Was - ser, Was - ser, Was - ser, Was - ser,

| Am | | | Dm |

ja, was er sagt, ist wahr.

Text und Musik: Siegfried Macht

💡 Einfall

Was lässt Leben aufblühen und gelingen, was verkümmern und absterben? – In der Auseinandersetzung mit dem Symbol des „Wassers des Brunnens" / „Wassers der Quelle" in Joh 4 stellt sich die Frage nach den eigenen Quellen und Ressourcen. Die Begegnung mit Jesus, der Quelle des Lebens und der Liebe, soll – auch mit Bezug auf das Lebenswasser der Taufe – für die Quellen sensibilisieren, aus denen sich unser Leben speist, für heilende Bilder und Geschichten, für die guten Gaben des Lebens, die Gott uns schenkt.

Entdeckungen am Bibeltext

Einleitend gruppieren sich die MitarbeiterInnen um eine Jerichorose (Bezug über das Internet), die in getrocknetem, eingerolltem Zustand in einer Schale liegt. Sie nennen Assoziationen (leblos, vertrocknet, abgestorben) und schauen unter dieser Begrifflichkeit auf das eigene Leben, die eigenen Erfahrungen: Welche Hoffnungen, Träume, Sehnsüchte usw. sind bei mir „vertrocknet"? Was ist mein „Durst"?

Der / die Leitende gießt warmes Wasser auf die Jerichorose. Innerhalb kurzer Zeit „blüht" die Rose „auf", öffnet sich, nimmt dunkelgrüne Farbe an. Die Mitarbeitenden beschreiben ihre Wahrnehmungen und beziehen die Veränderungen auf die Zugabe von Wasser. An diesem Erlebnis wird der Symbolcharakter von Wasser erarbeitet. Auf Moderationskarten kann geschrieben werden, was das Leben gelingen, aufblühen, gedeihen lässt.

Anschließend lesen alle zusammen von der Begegnung Jesu mit der samaritanischen Frau am Jakobsbrunnen: Was bietet Jesus dieser Frau? Womit füllt er ihren Krug? Womit füllen wir unsere Krüge?

Wer es genau wissen will

Jakobsbrunnen: gemauerter, ca. 32 m tiefer Brunnen, gut 1 km vom Dorf Sychar entfernt. Er wurde und wird in der Tiefe von einer Quelle mit fließendem, „lebendigem" Wasser gespeist. „Lebendiges" Wasser ist im Gegensatz zu dem abgestandenen Wasser der Zisterne klar, frisch und geruchlos.

Lebendiges Wasser ist zugleich ein Bildwort für die ganz anderen Quellen, aus denen sich unser Leben speist, ein Bildwort für das Heil, das Jesus bringt und das den Durst nach Leben und Lebenserfüllung endgültig stillt – Gottes grenzenlose, unendliche Liebe (vgl. Ps 36,10; Jes 12,3; Jer 2,13).–

Auf die *Taufe* übertragen erinnert deren Wasser an eine Quelle, die Leben verheißt und Leben speist und unseren Lebensdurst stillt. Die Quelle der Taufe gründet in der Tiefe der Zeit und verweist auf Lebensgründe, die wir nicht gelegt haben, sondern verfinden. Nie wird diese Quelle trocken fallen und versiegen.

 ## Entscheidungen

Die komplexe Erzählung Joh 4,5–42 nötigt – wenn sie Kinder ab fünf Jahre erreichen soll – zu deutlicher didaktischer Reduktion. Das Thema „Samaritaner" (4,4–9b.20–22) bleibt ebenso unberücksichtigt wie die Jakobsreminiszenz (4,12), der Einschub 4,16–18 und das Gespräch Jesu mit den zurückkehrenden Jüngern. (4,27 ff.). So kann die Begegnung mit dem elementarisierten Text transparent machen, dass Jesus auch für uns Quelle des Lebens und der Liebe ist, die auch uns Quelle sein lässt.

Die Taufe mit dem nie versiegenden Wasser des Lebens löst diese Zusage sinnenfällig und Leben prägend ein.

Der Erkenntnisweg mit den Kindern führt von der Frage nach der Bedeutung des Wassers im wörtlichen wie im übertragenen Sinn über eine deutende und die Kinder einbeziehende Erzählpantomime zu Joh 4 hin zum Verständnis der Taufe als Quelle des „Lebens-Wassers". Am Ende des Weges feiern wir Tauferinnerung – und brauchen dazu die offene und entsprechend vorbereitete Kirche.

Der Ablauf im Überblick

Geschehen	Inhalt	Material
Ankommen	Begrüßung Groß und Klein	Lied A
Einstimmen	Aktion „Rose von Jericho"; mit drei Gesprächs-runden, Lied Input: Wasser, Quelle, Brunnen; Gestaltung mit Bausteinen	M1 M2
Erzählen	Das Wasser des Lebens	M3
Vertiefen	Erzählpantomime, Lied	M4
Weitergehen	Tauferinnerung	M5
	Gebet, Lied, Segen	Lied B

Aktion

Gestaltete Mitte: gelbes Tuch, ca. 120 cm, rund geformt und in die Mitte
gelegt, darauf in einer Schale die Jericho-Rose (trocken).

Erste Gesprächsrunde: Beschreibung, Assoziationen

Warmes Wasser über die Rose gießen – leise meditative Musik – Veränderungen beobachten, Veränderungen beschreiben und begründen

Zweite Gesprächsrunde: Was das Wasser alles kann

Vorbereitete Papiertropfen bemalen, beschriften, um die Schale legen.

Dritte Gesprächsrunde: Ich habe Durst; ich dürste nach …

M₂ **Input und Gestaltung**

Fotos von Wasser, Quelle, Brunnen, vor einer großen Gruppe mit Beamer

Wasser war von Anfang an da. Am Anfang, als Gott Himmel und Erde
machte, da trennte er das Nasse vom Trockenen und machte dem Wasser Betten: die Meere und die Seen und die Flüsse.

Die Quellen der Wasser liegen tief, tief in der Erde. Der Regen, der vom
Himmel fällt, füllt die Quellen immer wieder auf. Kalt ist das Wasser
aus der Tiefe, frisch und rein.

Da, wo das Wasser aus der Tiefe an die Oberfläche kommt, leise und
sacht manchmal, manchmal auch sprudelnd und spritzend – da, wo
das Wasser aus der Tiefe kommt, frisch und rein, da bauten die Menschen sich Brunnen.

Brunnen – gemauert, aus groben Steinen – sie zeigen schon von weitem
an: Seht, da! Da ist frisches Wasser. Komm, kommt und schöpft!

Gott, der Schöpfer schenkt uns Wasser. Frisch und rein. Gott, der Schöpfer, schenkt euch seine Gaben. Kommt. Kommt und schöpft aus dem Vollen!

Gestalten

Die Kinder legen mit Bauklötzen einen Brunnenkranz um die Schale mit der Jericho-Rose. Und dann ist Erzählzeit …

Geschichte. Das Wasser des Lebens

Da ist ein Dorf in dem Land Samaria. Das liegt zwischen Jerusalem und Nazareth. Dieses Dorf hat einen berühmten Brunnen. Alt ist er und immer voll mit frischem klaren Wasser. So etwas ist wichtig in einem trockenen Land wie Samaria. Die Leute aus dem Dorf sind stolz auf ihren Brunnen. Und sie schöpfen aus ihm alles Wasser, was sie zum Leben brauchen, jeden Morgen und jeden Abend.

Auch Fremde, wenn ihr Weg sie durch das Dorf führt, schöpfen Wasser aus dem Brunnen. Niemand hält sie auf. Wasser ist für alle da. „Bitte, Fremder", sagen die Leute aus dem Dorf. „Nimm, was du zum Leben brauchst."

Mirjam ist auch aus dem Dorf. Mirjam ist immer durstig. Aber seltsam: Das Wasser aus dem Brunnen macht sie nie richtig satt. Sie trinkt und sie trinkt. Aber immer ist sie durstig. Kann man durstig sein, auch wenn man trinkt …?

Mirjam denkt manchmal: Es ist zu langweilig. Ich bin zu einsam. Ich habe keinen Menschen, der mich wirklich liebt. Ich habe kein Ziel, das ich wirklich erreichen will. Ich bin nicht richtig froh …

Gelegenheit zum Austausch: Durst nach Wasser, Durst nach Leben

Einmal trifft Mirjam einen Fremden am Brunnen. Sie sieht gleich: Er ist durstig. Und sie sieht, was ihm fehlt: Es hat kein Gefäß, um Wasser zu schöpfen.

Mirjam geht hin. Sie denkt: Ich kann ihm helfen. Aber dann zögert sie. Der Fremde sieht … besonders aus. Eigentlich ist er staubig und durstig und müde. Aber dann ist da seine zweite Seite. So wie ein Glänzen von innen. Auf einmal traut Mirjam sich nicht, ihn anzusprechen. Wer bin ich?, denkt sie. Jemand, der sich langweilt. Der nichts Rechtes kann. Den niemand wirklich lieb hat.

„Mirjam", sagt der Fremde plötzlich. „Bitte, kannst du für mich Wasser schöpfen?" Staunend sieht sie ihn an. Dieser Fremde: Er lächelt. Und er weiß, wie sie heißt!

„Willst du wirklich?", fragt sie. Sie sieht auf ihre Hände. Die nichts Rechtes können. Auf ihren Krug. Der ist einfach und ist am Rand schon angeschlagen. „Aus einem goldenen Becher solltest du trinken", murmelt sie. „Wenn es nur Wasser ist", sagt der Fremde. Er lächelt wieder.

Sie füllt ihren Krug und gibt ihm zu trinken. Und er trinkt und trinkt und bedankt sich. „Manchmal kommt es einem so vor, als ob man niemals genug hat, nicht wahr?"

„Herr", sagt Mirjam, „ich bin so furchtbar durstig …" Der Fremde nickt. Der Fremde sieht sie an. „Ja, Mirjam, ich weiß", sagt er. Und sie spürt, dass er sie versteht. „Du denkst, du bist nichts wert", sagt er. „Du denkst, dass du nichts Rechtes kannst. Du denkst, dass keiner dich lieb hat." „Herr!", ruft Mirjam. „Ja, du hast recht!" „Aber das ist nicht wahr!", sagt der Fremde. „Gott hat dich lieb, Mirjam. Er hat dich bei deinem Namen gerufen. Du bist sein!"

Gelegenheit zum Austausch: Gott und ich; das Taufversprechen

Auf einmal wird es Mirjam ganz warm im Herzen. Wenn Gott mich lieb hat, denkt sie, dann kann ich auch Freunde finden. „Herr", sagt sie, „woher weißt du das?" Der Fremde gibt ihr den Krug zurück. „Ich bin Gott-bei-den-Menschen, Mirjam", sagt er. „Mein Name ist Jesus, das bedeutet: Gott hilft."

Gelegenheit zum Austausch: Jesus, Gott-bei-den-Menschen

M4 Begegnung am Brunnen – Erzählpantomime

Es kommt darauf an, dass die Kinder durch Körperhaltung, Gestik und Mimik möglichst deutlich den Unterschied zwischen Durst und Hoffnung, zwischen Not und Erlösung darstellen, den die Geschichte nahelegt.
Phase 1: Hierzu werden zunächst Bewegungsübungen in der Gesamtgruppe durchgeführt.
Phase 2: Dann arbeiten wir an den Einzelszenen (durstig zum Brunnen kommen, schöpfen, trinken, sich erfrischt fühlen).
Phase 3: Anschließend probieren wir das Stück in kleinen Gruppen mit wechselnden Rollen: Jesus, Mirjam. Mit Feedback
Requisiten: Markieren Sie den „Brunnen"; der Krug kann figürlich oder virtuell vorhanden sein.

Szene 1

> Erzähler: Mittags in Samarien. Es ist heiß, es ist trocken. Da ist ein Brunnen … Eine Frau ist am Brunnen, Mirjam aus Samaria. Seht sie euch an: Sie ist sehr durstig …

Mirjam kommt näher, gebeugt, durstig …

> Jetzt schöpft sie Wasser mit ihrem Krug. Sie schöpft und sie trinkt, trinkt, trinkt … ja, ist sie denn immer noch durstig?

Mirjam vollzieht die Bewegungen des Schöpfens, Trinken, bleibt in der „durstigen" Haltung

> Erzähler: Was ist das? Sie hat längst genug getrunken. Aber so wie sie aussieht … ist sie immer noch durstig.

Mirjam bleibt „durstig" am Brunnen stehen.

Szene 2

> Erzähler: Ein Fremder kommt zum Brunnen, Jesus aus Nazareth. Auch er ist sehr durstig. Kein Wunder, bei solcher Hitze!

Jesus kommt näher, gebeugt, durstig …

Er beugt sich über den Brunnen, aber er schöpft nicht. Warum schöpft er denn nicht? Ach – ich sehe: Er hat keinen Krug.

Jesus beugt sich über den Brunnen, ratlos …

Erzähler: Jetzt sieht er Mirjam an. Und er bittet sie, dass sie für ihn schöpft. Sie zögert ein wenig … dann tut sie's …

Mirjam und Jesus agieren wie im Gespräch; dann schöpft Mirjam Wasser und gibt es Jesus.

Erzähler: Durstig trinkt Jesus den Krug leer. Ich sehe: Jetzt geht es ihm besser. Er hat sich satt getrunken. Erleichtert dankt er Mirjam …

Jesus trinkt und richtet sich auf: erfrischt, erleichtert, mit neuer Kraft.

Szene 3

Erzähler: … und sieht, dass Mirjam am Verdursten ist. Und das am vollen Brunnen! Jesus weiß, was ihr fehlt. Er zeigt ihr, dass Gott sie lieb hat.

Jesus wendet sich Mirjam zu --- zeigt zum Himmel, richtet Mirjam auf …

Erzähler: Da endlich: Auch Mirjam ist satt. Frei und glücklich dankt sie Jesus. Und läuft heim …

Jesus und Mirjam gehen in verschiedene Richtungen, beide beschwingt und befreit.

M_5 Tauferinnerung

Die Kinder versammeln sich am Taufstein; die Tropfen mit den Darstellungen, was das Wasser alles kann (M1), sind dort ausgelegt. Die Tropfen werden noch einmal angesprochen.

Hinführung

So viel kann Wasser. Und Wasser kann auch ein Zeichen sein. Für Gottes Liebe. Für ein erfülltes Leben. Mit Wasser sind viele von uns getauft. Manche auch hier in dieser Kirche, an diesem Taufstein.

Austausch: Wie geht das? Wie ist das, wenn ein Kind getauft wird?

Und eines gehört auch noch zur Taufe. Der Pastor oder die Pastorin sagt das Versprechen weiter, das Gott jedem seiner Kinder gibt: Fürchte dich nicht. Ich habe dich bei deinem Namen gerufen. Du bist mein.

Auch wer von euch vielleicht noch nicht getauft ist, bekommt dieses Versprechen weitergesagt: Fürchte dich nicht. Ich habe dich bei deinem Namen gerufen. Du bist mein.

Wir wollen uns gegenseitig dieses Versprechen weitersagen, in kleinen Abschnitten, damit wir uns nicht verheddern: …

Pastor / Pastorin spricht vor; jedes Kind wendet sich einem Nachbarn zu, nimmt seine Hand und spricht nach:

So spricht Gott: / Fürchte dich nicht / Ich habe dich bei deinem Namen gerufen / Du gehörst zu mir.

Jedes Kind bekommt einen weiteren Wassertropfen, auf dem sein Name geschrieben steht; es darf diesen Tropfen bei der Taufkerze / am Altar ablegen. Getauft oder (noch) nicht – sie gehören zu Gott.

M6 Gebet und Segen

Jesus,
wie Wasser in der Wüste ist deine Liebe,
wie eine Quelle im trockenen Land schenkst du
neues Leben.
Der Brunnen der Taufe spendet Wasser des Lebens.
Die Taufe auf deinen Namen lässt uns
aus Quellen schöpfen, die nicht versiegen.
Dich zu kennen ist wie Trinken aus einem tiefen Brunnen.
So segne und behüte uns
wie ein Vater und eine Mutter. Amen.

Juni

DANIEL IN DER LÖWENGRUBE

Der Herr ist mit mir

Der Herr ist mit mir, da-rum fürcht' ich mich nicht.

Was kön-nen Men-schen mir tun?

Text: Psalm 118,6
Musik: Siegfried Macht (nach EG Lied Nr. 294)
aus: Macht, Siegfried, Haus aus lebendigen Steinen,
Strube-Verlag, München 1999

Einfall

Viele Kinder sind von Löwen fasziniert. Diese Faszination speist sich aus Tierdokumentationen, Zoobesuchen, aus Disneys „König der Löwen" oder den „Chroniken von Narnia". Der Löwe ist nicht nur in Fabeln und Märchen der König der Tiere. Dieses Faszinierende hat zugleich etwas Ambivalentes: Es ist anziehend, vital und gleichzeitig bedrohlich, lebensgefährlich; Schlagzeilen der Sensationspresse zu Übergriffen von Raubkatzen auf ihre Dompteure belegen das. Schließlich macht der Stofftier-Löwe in Kinderarmen das Lebensbedrohliche handhabbar: Er erlaubt die Identifikation mit den kraftvollen, mächtigen Eigenschaften des Löwen, andererseits bietet er als Kuscheltier Schutz und Geborgenheit.

Entdeckungen am Bibeltext

Daniels (Lebens-)Geschichte – als Fremder am Hof des persischen Königs – geht gut aus: Selbst in der Löwengrube bleibt er bewahrt. Er wird ins Recht gesetzt und aus Todesgefahr gerettet. Wie ist es aber, wenn es im Leben anders kommt? Wie viele Lebensgeschichten von Kindern gehen aktuell in einer „Höhle des Löwen" zu Grunde?

Beschäftigen Sie sich im Vorbereitungskreis mit Daniels Lebensgeschichte und bedenken / aktualisieren Sie die Grunderfahrungen:
- Die Opferperspektive. Fremd sein, allein sein, verraten werden, zu Unrecht bestraft werden (und die anderen freuen sich).
- Die Täterperspektive. Neidisch sein, missgünstig. Mitmachen, sich einspannen lassen in die Machtspiele eines anderen.
- Die Perspektive des Geretteten: Gott hat sich eingemischt; was Menschen Böses planen, kann Gott zum Guten wenden. Das Opfer wird gerettet, rehabilitiert, ins Recht gesetzt.

METHODISCHER IMPULS

Ein Stoffbeutel mit vier verschieden farbigen Kugeln (oder Würfeln), die Macht und Ohnmacht, Ausgeliefert-Sein und Sicher-Sein symbolisieren, wird herumgegeben. Jede(r) Mitarbeitende zieht eine Kugel (einen Würfel) und erzählt, wo er eine entsprechende Situation persönlich erlebt hat und legt dann den Gegenstand zurück. Der / die Nächste ist dran. Dann kreist der Stoffbeutel ein zweites Mal – dieses Mal wird die gezogene Kugel (der Würfel) mit einer Ausgeliefert-Sein / Geborgen-Sein-, Macht- oder Ohnmacht-Situation aus Daniel 6 verbunden; dann wird der Gegenstand zurückgelegt; der / die Nächste ist dran.

Das Danielbuch will in schwieriger Zeit trösten, Hoffnung machen, Vertrauen wecken und stärken – der Kindergottesdienst zu Daniel 6 auch.

Entscheidungen

Das Positive, das Kinder mit Löwen verbinden, Stärke, Mut, Macht und Kraft, wird im Eingangsteil beim Gebet, symbolisiert durch die „Löwenkarte", aufgenommen.

Die Erzählung bietet Identifikationsmöglichkeiten mit dem Helden und hält starke Bilder und Gefühle parat. Guter biblischer Tradition folgend werden die Schattenseiten der Menschen, wird Grausamkeit nicht verschwiegen, aber der Erzählvortrag kommt ohne drastische oder banalisierende Ausmalungen aus. Er geschieht am besten frei. Anschließend sollen die Glaubensfragen, die der Text aufwirft, im gleichberechtigten Austausch besprochen werden (Theologisieren mit Kindern).

Wunderbare Rettungen wie diese hier verlangen symbolische Deutungen. Die Kinder werden auf diesem Weg verschieden weit gehen wollen und können. Und das ist gut so. Das Beharren auf einem „So war das wirklich" sollte aber behutsam relativiert werden, führt es doch letztlich in die Sackgasse historisierender Bibelauslegung. Weiter führt es, gemeinsam zu überlegen, dass Wunder zum Leben dazugehören. Und dass der Glaubende dann sagt: Gott sei Dank!

Die Kreativphase bietet die Gelegenheit, das Gehörte und Erlebte umzusetzen und so zu verarbeiten. Die Ergebnisse können anschließend in den Gruppen oder im Plenum präsentiert und besprochen werden. Erfahrungsgemäß kommt im Kreativteil viel Lebenswelt der Kinder ins Spiel.

Je nach Zeitplanung und Menge der Teilnehmenden kann es sich anbieten, die einzelnen erarbeiteten Szenen für eine spätere Präsentation zu *fotografieren*. Oder – noch aufwändiger: Die Bilder werden auf den Laptop übertragen und als *Diashow* präsentiert, inklusive Musikunterlegung.

TIPP

An dieser Stelle kann man sehr gut Jugendliche, die z. B. nicht ständige KiGo-Mitarbeitende sind, einsetzen.

Im *Sendungs- und Segensteil* ist Zeit und Raum, die Ängste der Kinder, aber auch die Täterperspektive, mit Bewegung und einem Requisit (Seil binden und lösen) aufzunehmen. Das Löwenmotiv steht wieder für die Ambivalenz, die sich ebenfalls im Opfer- wie Tätersein ausdrückt.

Der Ablauf im Überblick

Geschehen	Inhalt	Material
Ankommen	Begrüßung Groß und Klein	Lied A
Einstimmen	Gebetsaktion mit Löwen-Karte	M1, Lied: „Engel-Rap" (Kindergesangbuch)
Erzählen	Erzählen der Geschichte mit anschließendem Theologisieren	M2
Vertiefen	Aneignung; Gestaltung einzelner Szenen	M3
Weitergehen	Fürbitten mit Gebetsruf und Löwenkarten Lied, Segen	M4

Gebetsaktion

Die Kinder bilden Vierergruppen und erhalten Löwenkarten zum Beschriften / Bemalen (Rückseite!; Große helfen Kleinen!): „Da war ich löwenstark" …

Die Karten werden gesammelt und bieten für die Teamerinnen den Stoff für Lob und Dank an Gott.

Da war ich löwenstark …

ᴍᴢ Geschichte

Daniel in der Löwengrube

Eigentlich ist hier draußen vor der Stadtmauer wenig los. Sonst sind hier kaum Leute zu sehen, vielleicht mal ein paar Jungen, die auf der Suche nach Abenteuern hier rumschleichen. Wer ist wohl der Mutigste von ihnen und traut sich so dicht heran, dass er das Fauchen der Löwen hört? Hier draußen bei der Löwengrube.

Aber heute kommen sie in Scharen. Neugierig recken sie die Hälse, ob es schon was zu sehen gibt? Es hat sich in der Stadt schnell herum gesprochen: „Heute geht es dem Daniel an den Kragen – ab mit ihm in die Löwengrube!" Das Ereignis will sich keiner entgehen lassen.

Es geht durch Mark und Bein. Entsetzlich, dieses Knirschen von Stein auf Stein! Vier Männer braucht es um den schweren Stein, der auf der Löwengrube liegt, zu bewegen. Der Schweiß rinnt ihnen von der Stirn.

Aber auch der, den die anderen dort festhalten, Daniel, der Verurteilte – auch ihm rinnt der Schweiß. Stand er nicht schon mal so da, gefangen, entrissen …fern aller Sicherheiten?

Daniel erinnert sich: Damals waren sie gekommen, die Fremden … Soldaten hatten sein geliebtes Jerusalem besetzt. Die Stadt, in der er aufgewachsen war. Wohlbehütet in einem Elternhaus …

Dann waren sie gekommen. Zerstörten und nahmen gefangen. Und gerade die jungen Männer nahmen sie mit. Einige von ihnen mussten im fernen Babylon schwerste Arbeit leisten, andere waren an den Hof des Königs gekommen.

Daniel gehörte zu ihnen. Bald stellte sich heraus, dass er schnell lernte, hochbegabt war und ein angenehmer Mensch dazu. Das half ihm im Königshaus viel weiter. Dazu kam noch etwas Wunderbares: Daniel konnte Zeichen und Träume deuten. Treu gegenüber dem König, aber vor allem gegenüber seinem Gott – so ging er seinen Weg. Karriere machte er. Auch unter König Darius. Dieser hatte ihn aufgenommen in die höchsten Kreise. Er machte Daniel zum Chef seiner 120 königlichen

Beamten. Diese 120 freilich waren darüber alles andere als glücklich. Neidisch waren sie und sannen darauf, den unliebsamen Daniel loszuwerden. Ab in die Löwengrube …

Oh ja, sie schienen endlich am Ziel zu sein! Der schwere Stein bewegte sich Stück für Stück und gab das Loch dieser Grube frei. Je mehr sich dieses Loch öffnete, umso mehr drang Gestank nach oben. Es roch nach Wildheit und Urin und Gefahr. Selbst die, die Daniels Ende wollten, wendeten sich voller Ekel ab. Und doch jubelte es in ihnen. Wie schlau sie das eingefädelt hatten!

Sie erinnern sich. „Wir müssen was gegen ihn finden", so hatten sie sich heimlich beraten. „Etwas, das seine Treue infrage stellt. Etwas, das ihn von seinem hohen Ross runterholt." Aber so sehr sie auch suchten, sie konnten lange nichts finden. Daniel war einfach untadelig in allem, was er tat, treu ergeben seinem König und seinem Gott. Seinem Gott? Ja, seinem Gott!

Denn eines hatte auch das Leben am Königshaus nicht antasten können: seinen Glauben und seine Treue zu seinem Gott, dem Gott Israels. Als frommer Jude betete er dreimal am Tag gen Jerusalem. Er betete.

Das hatte sie schließlich auf ihren Plan gebracht. König Darius selbst sollte seinen Liebling Daniel ins Unglück stürzen! Die Beamten hatten dem König geschmeichelt und ihm gesagt, er sei der Größte. Niemand dürfe größer sein als er, ja, niemand anders dürfe angebetet werden. So etwas hören Könige gern. Und sie hatten ihm ein Gesetz vorgeschlagen: „Wer jemand anderen als König Darius anbetet, der soll den Löwen vorgeworfen werden!" König Darius hatte sich nichts dabei gedacht und zugestimmt. Und als dann Daniel das nächste Mal zu Gott betete …

Ab zu den Löwen – das Urteil stand fest. Der König selbst hatte das Gesetz unterschrieben. Nun konnte er nicht mehr zurück. Auch wenn er es gewollt hätte. Denn er mochte diesen Daniel gern …

Auch König Darius steht dort, als die Löwengrube geöffnet wird. Ihm wird übel, nicht nur vom Gestank aus der Löwengrube heraus. Es ist, als ob ihn etwas zerreißt. Daniel … einer seiner Treusten … aber er will er nicht als wortbrüchig gelten … er muss er sich an sein Gesetz halten und so muss Daniel in die Grube. „Möge dein Gott dich behüten!" Das ist der letzte Gruß des Königs an Daniel, bevor er in die Grube gestoßen wird.

Die Männer zögern nicht. Ab zu den Löwen! Der Stein wird wieder über das Loch geschoben, es gibt kein Zurück. Daniel ist allein mit den Löwen. Ist nun alles aus?

Früh, sehr früh am nächsten Tag macht sich König Darius auf zur Löwengrube. Er will sehen, was mit Daniel ist. Wieder braucht es vier Männer, um den Stein zu bewegen. Darius hört nicht auf das Knirschen, Stein auf Stein. Kaum ist die Grube einen Spalt geöffnet, ruft er: „Daniel! Daniel! Daniel, was ist mit dir?"

„Ich lebe", hört man aus der Grube. Schnell wird der Stein ganz von der Grube gewälzt, Stricke werden hinuntergelassen. Die Männer helfen Daniel aus der Grube. Dann steht er vor König Darius. Er ist voller Schmutz, stinkt fürchterlich, aber er lebt. „Gott hat einen Engel gesandt", sagt er. „Der hat den Löwen das Maul zugehalten." Der König atmet auf. „Ein Wunder!", ruft er. „Gott sei Dank!" Und dann lässt er verkündigen: „So gelte ein neues Gesetz! Mein ganzes Königreich soll dem Gott Daniels, dem Gott Israels, Ehre zeigen. Nicht Menschen soll man anbeten, sondern Gott. Gott allein kann Wunder tun!"

Nach Heidi Sieg

IMPULSE FÜRS THEOLOGISIEREN

Was hat Daniel da erlebt, in der Löwengrube? Was ist ein Wunder? Was bedeutet eigentlich „anbeten" und warum macht man das? Macht man das auch heute – wenn ja: Wen beten Menschen an?

M₃ Szenenbilder

Menschen tun Böses – Gott tut Wunder

Folgende Szenen können gestaltet werden:

a. im Schuhkarton
b. gemalt, geknetet, mit Figuren
c. als Standbild
d. in freier Improvisation mit Tüchern

Die Feinde überfallen Jerusalem und verschleppen die Einwohner (Menschen tun Böses.)	Der Gefangene kommt frei und wird ein „Chef" (Gott tut Wunder!)
Die Beamten stellen Daniel eine Falle. Ab zu den Löwen! (Menschen tun Böses.)	Die Löwen krümmen Daniel kein Haar (Gott tut Wunder!)

M4 Fürbitten

Fürbittenstationen (an vier Ecken des Raumes, auf Löwenkarten notiert); die Kinder stehen „im Pulk", zwei Teamer halten sie mit einem Tau zusammen.

Lieber Gott, du weißt, wann und wo wir Angst haben. Wenn es wieder einmal soweit ist, dann wollen wir daran denken, dass Du bei uns bist. Du hilfst uns, mutig und stark zu sein und – wenn nötig – auch Hilfe zu holen ...

Zeit für spontane Bitten; dann: Seil lösen
Seil wieder spannen

Lieber Gott, wir Menschen gehen nicht gut mit Erde, Boden, Luft und Wasser um – Katastrophen häufen sich, das macht uns Angst!

Wir bitten, dass wir gute Ideen bekommen und gemeinsam diese Erde mit Pflanzen, Tieren, Luft und Wasser pflegen und miteinander teilen.

Zeit für spontane Bitten; dann: Seil lösen
Seil wieder spannen

Lieber Gott, manchmal machen wir anderen Angst, werden handgreiflich und fühlen uns dabei cool und stark

Hilf uns dabei, das sein zu lassen, auch nicht mit zu machen

Zeit für spontane Bitten; dann: Seil lösen
Seil wieder spannen

Lieber Gott, manchmal reden wir schlechte und falsche Dinge über andere und schaden ihnen. Das passt nicht, weil wir zu dir gehören – hilf uns, das sein zulassen

Zeit für spontane Bitten; dann: Seil lösen

Juli
EIN NAME, DER SPRICHT

Der ICH-BIN-FÜR-EUCH-DA
Kanon für 4 Stimmen

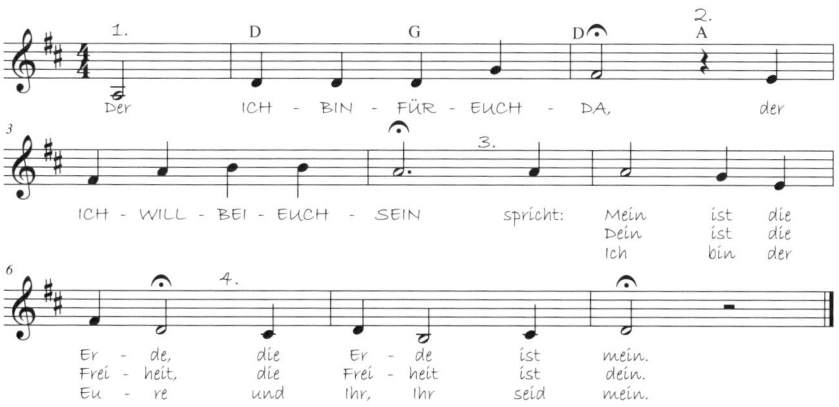

Der ICH - BIN - FÜR - EUCH - DA, der
ICH - WILL - BEI - EUCH - SEIN spricht:

Mein ist die
Dein ist die
Ich bin der

Er - de, die Er - de ist mein.
Frei - heit, die Frei - heit ist dein.
Eu - re und Ihr, Ihr seid mein.

Text (nach bibl. Motiven)
und Musik: Siegfried Macht

Einfall

Dass ein Name „Programm" sein kann, wissen die Jungen und Mädchen sowohl aus eigenen Erfahrungen mit Spitznamen, mit selbstgewählten Namen bei ICQ und Schüler-VZ als auch von ihren Helden wie Superman, Spiderman, Bibi Blocksberg usw. Der vorliegende Entwurf möchte ihnen zur Entdeckung verhelfen, dass auch Gott einen aussagekräftigen „programmatischen" Namen hat – „Ich bin für euch da" – und dass er hält, was sein Name verspricht.

Entdeckungen am Text

Moses und Gott begegnen sich – dabei spielen ihre beiden Namen eine wichtige Rolle. Gott ruft zunächst Moses beim Namen und zeigt damit, dass er ihn kennt und genau ihn meint. Moses fühlt sich angesprochen und spürt, dass ihm etwas Besonderes, Heiliges widerfährt. Aber die anonyme Stimme Gottes und sogar die aufgezählten Heiltaten der Vergangenheit reichen ihm nicht. „Wie ist dein Name?", fragt er Gott (V. 13) und meint damit: „Wer bist du eigentlich und welche Absichten hast du mit uns?"

Der Name, mit dem sich Gott dann vorstellt, ist ein kurzer Satz: „Ich bin der ich bin" oder: „Ich werde sein, der ich sein werde". (Beide Übersetzungen aus der hebräischen Ursprache sind möglich.) „Ich bin der Ich-bin-da" steht in der die Einheitsübersetzung. Wichtig ist in jedem Fall, dass Gott nicht nur für sich ist, sondern für seine Menschen da ist.

Fragen für die Arbeit im Team:

Gottes Name kann unterschiedlich übersetzt werden (siehe oben) – Welche Übersetzung gefällt Ihnen / euch persönlich am besten – und warum? / Gott spricht aus einem „brennenden Dornbusch" zu Mose. Inwiefern passt das Element Feuer zu dem Namen, mit dem er sich vorstellt?

Entscheidungen

Den Zugang zur programmatischen Bedeutung von Namen würde ich über Indianernamen schaffen. Wer hat sich noch nicht einmal ausgemalt, wie er – oder sie – als Indianer oder Indianerin gern heißen möchte? Wenn die Kinder sich selbst zu Beginn Indianernamen geben, erfahren wir außerdem mehr darüber, wie sie sich selbst gern sehen möchten.

Erzählen – aber wie?

Mediengewohnten Kindern eine Geschichte richtig spannend zu erzählen ist gar nicht einfach. Es hilft, dabei sichtbare Anreize zu schaffen. Für Mose legen wir ein Pali-Tuch, einen Hirtenstock und später Sandalen in die Kreismitte, für den brennenden Dornbusch steht eine Grillschale mit Feuer (oder, wenn das zu gefährlich erscheint) – einige Zweige, die mit roten, gelben und orangefarbenen Tuchfetzen dekoriert sind. Mehrere Menschen aus dem Team werden an der Erzählung beteiligt. Neben dem Erzähler oder der Erzählerin brauchen wir noch eine „Stimme Gottes" und zwei bis drei andere Stimmen.

Gespräch danach

Zunächst ist es wichtig, Raum für die Reaktionen der Kinder lassen. Zusätzliche Gesprächsimpulse könnten sein: „Manche Menschen sagen, dass Gott heute nicht mehr so zu den Menschen spricht …" – „Andere sagen, dass Gott auf verschiedene Weise zu uns spricht, auch noch heute …" – „Mose zieht seine Schuhe aus, das ist ja merkwürdig …"

Basteln?

Kreativität ist eine Art des Zu-sich-selbst-Kommens. Wenn wir Namensschilder auf Sperrholzplatten mit Filzstiften oder Ölkreiden in Feuerfarben gestalten, lässt das viel Freiraum und setzt keine feinmotorischen Kunststücke voraus. Die Namensschildaktion kam in unserem „Praxisversuch" bei Jungen und Mädchen gleichermaßen gut an.

Der Ablauf im Überblick

Geschehen	Inhalt	Liturgisches Element
Ankommen	Begrüßung „Groß" und „Klein", Gebet;	Lied A
Einstimmen	Kinder geben sich Indianernamen und stellen sich einander damit vor.	M1
Erzählen	Ich bin der Ich-bin-da	M2
Vertiefen	Handgebekreis	Handgebekreis, M3
Gestalten	Namensschilder	M4
Weitergehen	Gebet und Segen	M5

Indianernamen

Gummiband und Feder für jedes Kind

Jedes Kind gibt sich selbst einen Wunsch-Indianernamen und bekommt Gummiband und Feder zum Aufsetzen. Nun laufen die Kinder quer durch den Raum, halten ab und zu an und stellen sich einem anderen Kind vor, etwa so: „Ich heiße schneller Fuchs, weil ich klug und schnell bin."

M₂ **Geschichte. Ich bin der Ich-bin-da**

Ich möchte euch jetzt von einem Mann namens Mose erzählen. Was für ein merkwürdiger Name!, denkt ihr vielleicht. Ja, Mose hatte wirklich einen sehr speziellen Namen. „Der aus dem Wasser Gezogene" heißt sein Name übersetzt – und in diesem Namen steckt wieder eine Geschichte.

Als kleines Kind war er von seiner Mutter in einem kleinen Körbchen auf einem Fluss ausgesetzt worden. Warum sie das getan hatte? Weil sie Angst um ihn hatte. Mose und seine Mutter waren Israeliten, aber sie lebten in der Fremde, in Ägypten. Und die Ägypter unterdrückten die Israeliten. Hart arbeiten mussten sie und bekamen kaum etwas zu essen. Und sie durften auch keine Kinder bekommen. Die Ägypter hatten angeordnet, dass alle männlichen Babys der Israeliten getötet wurden, damit ihr Volk nicht zu groß würde.

Deshalb hatte Moses Mutter damals ihr Kind ausgesetzt. Sie hatte Angst, dass jemand ihren kleinen Sohn bei ihr entdecken und töten würde. Und sie hoffte, dass eine Ägypterin mit gutem Herzen ihn finden, retten und aufziehen würde. So ist es auch geschehen. Glücklicherweise hat ihn eine ägyptische Prinzessin aus dem Wasser gezogen und gerettet – so kam er zu seinem Namen.

Aber nicht nur um den Namen Mose soll es heute gehen, sondern auch um den Namen von jemand anderem, dem er begegnete.

Mose war ein erwachsener Mann, als diese Geschichte passierte. Er war Hirte *(Tuch und Stock in die Kreismitte legen)* und hütete eine große Schafherde seines Schwiegervaters in einer Steppe am Berg Sinai. Kein Mensch war weit und breit zu sehen. Und nur die Schafe – so stelle ich es mir vor – machten ab und zu „Mäh".

Vielleicht war es Mittag, vielleicht war es heiß. Ich stelle mir vor, dass Mose müde war und sich etwas ausruhte, als er auf einmal etwas Merkwürdiges wahrnahm. Es knisterte leise in seiner Nähe. *(Mit Papier knistern.)* Und als er genauer hinsah, bemerkte er einen Dornstrauch der ganz hell brannte. *(Zweige mit Tuchfetzen in die Mitte stellen oder eine Grillschale in die Mitte stellen und darin Feuer anzünden.)*

Er erschrak. Würde das Feuer sich ausbreiten? Musste man es nicht ersticken? Aber Mose bemerkte, dass der Busch zwar brannte, aber nicht verbrannte. Es gab keinen Rauch und keine Asche, nur ein helles leuchtende Feuer.

Mose wollte sich das genauer ansehen. Da hörte er plötzlich eine Stimme seinen Namen rufen:

Das Hervorgehobene wird immer von einer anderen Stimme gesprochen

Mose, Mose!

Wer hatte da gerufen, mitten in der menschenleeren Steppe? Und wer kannte Moses Namen? Wer kannte hier draußen seine Geschichte? Mose begriff, dass etwas ganz Besonderes geschah, etwas Heiliges, etwas Unaussprechliches.

„Zieh deine Schuhe aus!"

sagte die Stimme und Mose tat es. *(Ein Paar Sandalen in die Mitte stellen)* Er begriff: Diesem Feuer durfte er nicht zu nahe treten. Er sollte Respekt davor haben.

Und die Stimme fuhr fort:

„Mose, hier spricht Gott. Ich bin der Gott deiner Vorfahren,
der Gott Abrahams, Isaaks und Jakobs.
Ich habe eure Klagen gehört. Ich habe gesehen, wie schlecht es
euch geht in Ägypten und wie sehr ihr unterdrückt werdet. Und ich
will euch befreien. Ich führe euch in ein anderes Land, wo ihr frei
seid und genug zum Leben habt und Kinder bekommen und aufziehen dürft.
Aber dazu brauche ich dich, Mose. Du sollst deine Leute aus
Ägypten führen. Du sollst zum Pharao gehen und sagen: Lass
mein Volk ziehen."

Mose war ganz durcheinander. Er sollte zum Pharao gehen, dem höchsten ägyptischen Herrscher? Das würde er sich nie trauen. Aber noch etwas war merkwürdig. Wer sprach da überhaupt? Mose stellte sich vor,
was seine Leute zu ihm sagen würden.

Verschiedene Stimmen sprechen:

„Mose, du willst uns aus Ägypten führen?"
„Das ist viel zu gefährlich!"
„Wer schickt dich überhaupt?"
„Wie heißt der? Wir kennen nicht mal seinen Namen."

Das stimmte. Die Stimme aus dem Dornbusch hatte sich noch nicht
vorgestellt. „Wer bist du?", fragte Mose. „Was soll ich sagen, wenn ich
gefragt werde?"

„Mose, hör zu: Ich bin der Ich-bin-da.
Ich war früher für euch da.
Ich bin jetzt für euch da.
Und ich werde in Zukunft für euch da sein. Immer.
Wenn sie dich fragen, sag einfach: Gott schickt mich zu euch.
Sein Name ist: Ich-bin-da."

Ich bin da – mit diesem Namen stellte Gott sich dem Mose vor. Und
Mose verstand. Ich bin da – das hatte früher immer seine große Schwes-
ter zu ihm gesagt, wenn er Angst hatte. „Ich bin da. Ich bin für dich da.
Sei ganz ruhig!"

Und er begriff, was Gott ihm mit seinem Namen sagen wollte: „Mose, ich bin da. Für dich da. Für euch da. Ich halte zu dir in guten und in schlechten Zeiten. Deshalb, Mose, trau dich was – und geh zum Pharao." Mose spürte die Wärme die vom Dornbusch ausstrahlte. Oder war es Wärme von innen?

Und er dachte: Ja, ich werde es tun! Ich werde zum Pharao gehen und ihm sagen, dass er mein Volk freilassen soll.

Und das hat er auch wirklich getan. Wenige Wochen später zogen die Israeliten weg aus Ägypten. Aber das ist eine andere Geschichte.

Für uns heute sind die beiden Namen ganz wichtig. Mose, der aus dem Wasser Gezogene. Und Gott, der Ich-bin-da. Gott nennt Mose beim Namen und verbindet ihn mit seinem Namen. Mose, ich kenne dich und ich bin für dich da.

Und dabei ist eins ganz wichtig. Ich bin da – an diesem Namen Gottes hat sich bis heute nichts geändert. Er heißt immer noch so. Und wir können uns immer noch auf seinen Namen verlassen.

Er spricht auch uns mit Namen an. Und er sagt zu uns: Justin, Niklas, Merit, Mathilda …: Seid mutig und traut euch was. Denn ich bin der Ich-bin-für-euch-da. Und unsere Namen gehören zusammen. Für immer.

Handgebekreis

Die Kinder stehen im Kreis und halten die Hände geöffnet vor sich. Ein Kind beginnt und legt die rechte Hand in die geöffnete Linke des Nachbarn. Dabei sagt es z. B.: „Justin, Gott ist für dich da!" Dann macht Justin weiter und legt seine Hand in die geöffnete Linke der Nachbarin …

M4 Namensschilder

Material

Sperrholzplatten in DIN A5 (im Baumarkt erhältlich); Filzstifte und Ölkreiden

Kinder gestalten ihr Namensschild. Darauf kann auch ein Feuer zu sehen sein oder ein Schriftzug im Hintergrund: Ich bin für euch da. Dies können wir vorschlagen, sollten es aber den Kindern freistellen.

M4 Segen

Die Kinder wenden sich paarweise einander zu und segnen einander.

Gott beschütze dich.

Sie legen sich die Hände gegenseitig sanft auf den Kopf.

Er mache dich stark.

Sie legen einander die Hände auf die Schulter.

Er gebe dir Frieden. Amen.

Sie schütteln sich die Hand.

Der vollständige Tempel aus: Godly Play. Praxisband: Glaubensgeschichten
© 2006 Evangelische Verlagsanstalt GmbH, Leipzig

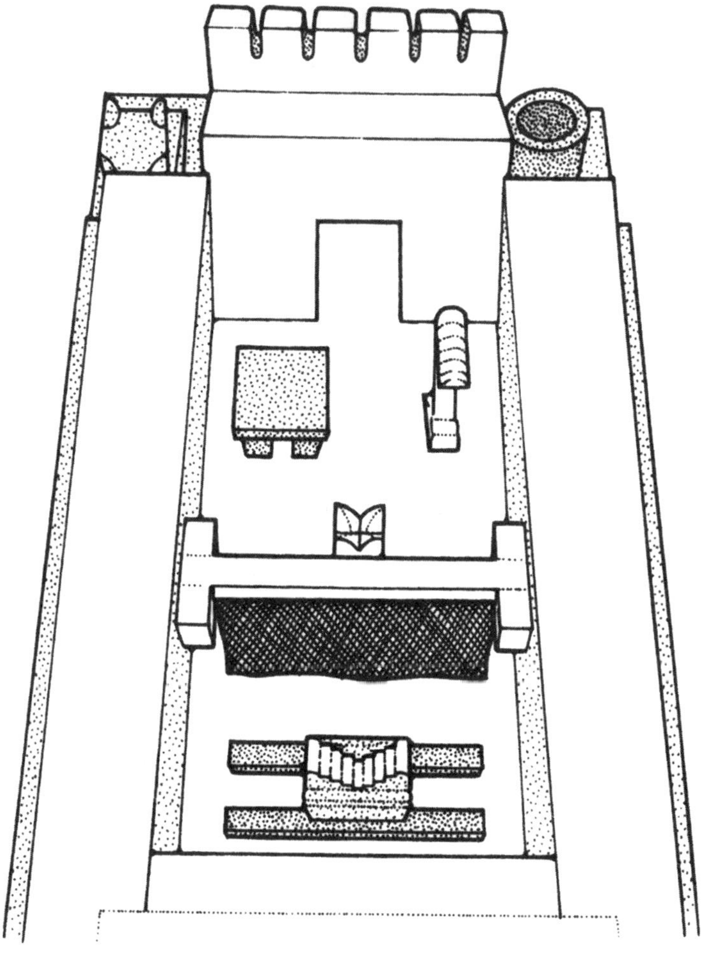

💡 Einfall

Brauchen wir besondere Orte, um Gott nahe zu kommen? Wer wäre dafür zuständig, dass es solche Orte gibt? Was kann einer wie ein König dabei helfen?

Der folgende Entwurf schlägt vor, solchen und ähnlichen Fragen mithilfe einer Darbietung im *Godly Play*-Konzept nachzugehen.[1] Gerade für eine *altersgemischte* Gruppe im Kindergottesdienst empfiehlt sich das aus mehreren Gründen:

(1) Der Darbietungstext enthält unterschiedliche kognitive Anforderungsniveaus; das zugehörige Material fasziniert sowohl konstruktive, am „Bauen" interessierte als auch dekorative, am „Anordnen und Schmücken" interessierte Kinder; mit dem verwendeten Zedernholz wird zudem ein olfaktorischer Reiz gesetzt.

(2) Die Abfolge einer *Godly Play*-Einheit (s. u.) mit ihren sorgfältig konzipierten Wechseln von kollektiven und individuellen Phasen erlaubt den verschiedenen Altersgruppen sowohl, „ihr eigenes" zu haben, als auch, von- und miteinander zu feiern und zu lernen.

Ein gewisses Problem entsteht, wenn die Darbietung aus dem *Godly Play*-Curriculum und solchen Konzeptmerkmalen wie einem eingerichteten offenen Lernraum herausgelöst wird. Es fehlen dann Kindern wie Erwachsenen die Eingewöhnung in diese spezielle Form spirituellen Erkundens und die erst im Zuge dieser Eingewöhnung sichtbar werdenden vielfältig vertieften Fähigkeiten, den verborgenen existenziellen Fragen selbsttätig nahe zu kommen. Deshalb könnte es sein, dass Sie, wenn Sie mit dem folgenden Kindergottesdienst-Vorschlag arbeiten, die für *Godly Play* typische Stille und Tiefe im Ergründungsgespräch sowie

---

1 Der Erzählvorschlag nimmt in weiten Teilen folgende deutsche Übersetzung / Adaption auf: Berryman, Jerome W.: Godly Play. Das Konzept zum spielerischen Entdecken von Bibel und Glauben. Hg. v. Martin Steinhäuser. Bd. 2: Glaubensgeschichten. Leipzig 2006, S. 99–104. Er wurde jedoch so abgeändert, dass er sachlich auch funktioniert, wenn er von den unmittelbar vorhergehenden, sachlich zusammengehörenden Darbietungen gelöst wird (in den „Zehn besten Wegen" wird die Bundeslade eingeführt, in „Die Bundeslade und das Zelt der Begegnung" die Art ihrer kultischen Verehrung).

die Polarisation der Aufmerksamkeit in der Kreativphase nur in Ansätzen erkennen können.

Dennoch lohnt sich der Versuch. Er könnte zu einem tastenden Erkunden werden, einem ersten Annähern an das Konzept, einem Staunen über die Möglichkeiten, die es Kindern (und Erwachsenen) bietet. Einige ganz knappe Informationen zum Konzept sollen dabei helfen.[2]

Eine kurze Einführung in das Konzept „Godly Play"

Godly Play[3] ist eine Form religiöser Bildung für Kinder (und Erwachsene), die auf eine lebendige Beziehung zur biblischen Botschaft, ein persönliches spirituelles Wachstum und eine individuelle Kompetenz zur Verwendung religiöser Sprache zielt. *Godly Play* verbindet die theologische Überzeugung, dass sich Gott im Leben eines jeden Menschen erfahrbar machen will, mit dem pädagogischen Konzept von Maria Montessori. *Godly Play* ermutigt Kinder zum Theologisieren und traut ihnen zu, Gott spielend und hörend, feiernd und gestaltend, staunend und redend zu begegnen. *Godly Play* will Kindern zu konstruktiver Selbststeuerung helfen, und beachtet dabei besonders das Spiel als Hauptform kindlicher Welterschließung.

BEZIEHUNGEN

Wenn Kinder Erfahrungen existenzieller Begegnungen von Selbst, Welt und Gott machen können sollen, brauchen sie dafür einen geschützten Raum. Besonders wichtig sind hierfür die Beziehungen, die die Kinder untereinander und zu den anwesenden Erwachsenen erleben können. Im Konzept von *Godly Play* prägen die Beziehungen, zusammen mit

---

2 Genauere Informationen enthält die Einleitung des in Anm.1 genannten Buches (S. 11–25) sowie Bd.1 derselben Buchreihe, v.a. S. 77–99 („Strukturen der Praxis von Godly Play"); Fortbildungsmöglichkeiten sind unter www.godlyplay.de stets aktuell zu erfahren.

3 Die Bezeichnung „Godly Play" wurde englisch belassen, weil sie nicht ohne verfälschende Verkürzung ins Deutsche übersetzt werden kann. Godly Play wurde von Jerome Berryman entwickelt, hat sich seit über 30 Jahren im Kontext der amerikanischen Sonntagsschule bewährt und findet jetzt auch in Deutschland ökumenische Resonanz in Gemeinde und Schule, Kindergarten sowie Erwachsenen- und Seniorenbildung.

Raum, Zeit und Materialien das non-verbale Lernen durch ein Gefühl von Präsenz und Verlässlichkeit.

Bei *Godly Play* sitzen zwei Erwachsene mit den Kindern auf dem Boden: Eine Erzählerperson leitet die Einheit, „ankert" den Kreis der Kinder, bietet eine Geschichte dar und öffnet zugleich den Raum selbstständiger Erschließung.

Eine Person an der Tür begrüßt die Kinder, verabschiedet die Eltern und hilft den Kindern, sich zu sammeln, kreativ tätig zu werden und sich an der Vorbereitung des *Festes* zu beteiligen.

In Entsprechung zur Montessori-Pädagogik besteht die Hauptarbeit beider Erwachsener im intensiven Wahrnehmen der Kinder, um sie in ihren subjektiven Lerninteressen, -wegen und -rhythmen unterstützen zu können. Die theologische Produktivität der Kinder wird zutiefst respektiert – das Kind steht in der Mitte!

RAUM

Ein *Godly Play*-Raum hält in niedrigen Regalen ringsum spezielle angefertigte, ästhetisch und handwerklich anspruchsvolle Materialien bereit. Dadurch sind die Kinder, wenn sie im Kreis sitzen oder sich kreativ beschäftigen, ständig von anderen, vertrauten oder noch unbekannten Geschichten umgeben und lernen, selbstständig und spielerisch mit den Symbolen des christlichen Sprachsystems umzugehen.

Die Materialien werden so angeordnet, dass sie visuell und ohne weitere Erläuterungen ein System von Sprachformen des christlichen Glaubens kommunizieren. Wichtige Darbietungen werden im Allgemeinen auf den obersten Regalbrettern aufbewahrt, Ergänzungsdarbietungen in den Fächern darunter. Die untersten Fächer sind für zusätzliche Materialien vorgesehen, zum Beispiel für Bücher, Landkarten oder andere Hilfsmittel. Utensilien für Kreativität, Reinigung und das „kleine Fest" werden in jeweils eigenen Regalen aufbewahrt. Ein Regal für Basteleien oder Bilder der Kinder, die noch in Arbeit sind, ist ebenfalls sehr wichtig.

Godly Play hält die Grundstruktur des christlichen Gottesdienstes für eine gut bewährte Form, mit Gott zu kommunizieren. Deshalb umfasst eine Einheit vier Phasen:

- Im Ankommen und Kreis-Bilden wachsen die Kinder hinein in die Ruhe des Raumes.
- Im gemeinsamen Hören, Sehen und Sprechen finden die Kinder ihren Weg in eine Geschichte.
- Danach kann jedes Kind eine eigene Reaktion in einer ausgiebigen Kreativphase gestalten.
- Einem kleinen, gemeinsamen Fest mit Gebet folgt die persönlich-zusprechende Verabschiedung.

Eine *Godly Play*-Einheit dauert optimal etwa 90 Minuten – sie kann zwei Stunden dauern, aber auch nur 45 Minuten. Im Abschnitt „Der Ablauf im Überblick" werden die Phasen kurz erläutert. Entscheidend für die Arbeit im *Godly Play*-Konzept ist, dass die Kinder vor der Darbietung in Ruhe bereit werden können. Sollten weniger als 20 Minuten für die Freispiel-und Kreativphase bleiben, ist es besser, nach dem Ergründen ein kleines Bewegungslied anzuschließen und direkt zum Fest überzugehen, als die selbsttätige Arbeit der Kinder vorzeitig abbrechen zu müssen.

GESCHICHTEN

Godly Play stellt sich bewusst in die alte Tradition der mündlichen Überlieferung Leben deutender Geschichten. Es werden vier Genres unterschieden:

- *Glaubensgeschichten* (wie die hier abgedruckte von „Bundeslade und Tempel") wollen den Kindern ein Gefühl von Einheit und Identität im Glauben vermitteln. Manche dieser Geschichten werden in einer „Wüstenkiste" gespielt.
- *Gleichnisse* nutzen alltägliche Lebensbilder, um unsere kreativen Interpretationen des Reiches Gottes herauszufordern. Die Materialien dazu werden in goldenen Schachteln aufbewahrt, um ihren Charakter als kostbares Geschenk zu symbolisieren, das dennoch dem Verstehen manchmal verschlossen bleibt.
- Geschichten zum *liturgischen Handeln* verbinden Lebenszeit und -raum mit den Zeichen der Kirche, wie dies etwa die Sakramente tun.

▪ Das vierte Genre ist die *Stille*, in der sich die Kinder vertiefen in eine Idee, eine Beschäftigung, eine Begegnung mit Gott.

Die sprachlichen Ausdrucksformen der Erzählskripte konzentrieren die Inhalte auf das grundlegend Einfache. Zusammen mit sparsamen, effektiven Gesten bilden sie einen kraftvollen Ausdruck des immer wiederholten spirituellen „Suchen-und-Findens". Die Geschichte wird nicht vorgelesen, sondern auswendig erzählt. Besser gesagt: Man könnte den Prozess der Vorbereitung des Erzählers als ein „Inwendiglernen" bezeichnen, dem ein ausformulierter Erzählvorschlag eine Art Geländer anbietet. Anders als in vielen anderen Erzählmethoden richtet der Erzähler in *Godly Play* während der Darbietung seine Augen auf die Materialien – nicht auf die Kinder. Statt aufgefordert zu werden, einer Lehrerperson zu antworten, werden die Kinder durch die Augen des Erzählers eingeladen, sich in die Geschichte zu begeben.

ERGRÜNDEN

Auf die Darbietung folgt ein Gespräch, welches der Erzähler mit einigen Impulsen anleitet. Diese unterscheiden sich von Genre zu Genre und beginnen zumeist mit: „Ich frage mich …"[4]

Bei den Glaubensgeschichten werden fast immer dieselben vier Fragen nach dem Liebsten, Wichtigsten, Eigenen und Verzichtbaren gestellt. Diese Reihenfolge ist didaktisch begründet und sollte nicht ohne Not verändert werden. Im Ergründen werden alle Meinungen zugelassen und auch scheinbar abwegige Ideen freundlich begrüßt. Auf Wertungen (auch „gut gemeinte" wie: „Du gibst schon eine gute Antwort!") wird also konsequent verzichtet, denn die Kinder sollen selbst entdecken, welche Ideen sich als tragfähig erweisen und welche nicht.

---

4 „Ich frage mich …", „Was meint ihr …", „Ob wohl …" sind etwas unbeholfene Versuche, die englische Phrase „I wonder …" zu übersetzen. Was *gemeint* ist, wird im Tonfall und in der Haltung des Erzählers deutlich: Eine echte Nachdenklichkeit, eine Neugier und eine verbindliche Bereitschaft, im gemeinsamen Ergründen auf „fachliche Hierarchie" zu verzichten. Zur Leitung von Ergründungsgesprächen in Godly Play vgl. den Aufsatz von Rebecca Nye: Die Kunst des Ergründens, im Bd. 5 der in Anm. 1 genannten Buchreihe (2008), S. 229–236.

In Raum und Zeit, mit Sprache und Beziehungen wird die kindliche Vorstellungskraft herausgefordert; man kann *Godly Play* als ein „imaginatives Konzept religiöser Bildung" bezeichnen.

 ## Entdeckungen zur biblischen Überlieferung

Wer Kindern von Salomos Tempel erzählen will und dabei auf die biblische Überlieferung zurückgreift, sollte sich selbst eine grundlegende Unterscheidung klar machen: Geht es ihm um den *historischen* oder um den *theologischen und pädagogischen* Sinn des Erzählten? Denn die biblische Darstellung der Zeit Davids und Salomos wird (ebenso wie die Wüstenzeit) als Schilderung einer *Heilszeit* angesehen, auf die das Volk Israel seine Anfänge zurückführt. Eng damit verbunden ist die Darstellung eines „Großreiches vom Euphrat bis zum Bach Ägyptens".

Historisch gesehen kann aber davon kaum eine Rede sein! Wahrscheinlich handelt es sich um kleinere Fürstentümer. Der Herrschaftsbereich Davids war vermutlich deutlich kleiner, als es in der Bibel klingt. Auch was wir jetzt im Alten Testament zum Tempel lesen könnten, ist mehr eine Art „politisches Manifest": Überall, wo Anhänger des Gottes Israels leben, war in den goldenen Zeiten das Reich unseres Ahnherrn.

Folgenden Zusammenhang erzählt die Bibel: Auf der Wüstenwanderung schenkte Gott seinem Volk zwei Steintafeln mit 10 Geboten – den zehn besten Wegen zum Leben. Das Volk Gottes baute für diese Tafeln eine Lade (Bundeslade) und verehrte sie in einem transportablen Heiligtum, das von Luther „Stiftshütte" genannt wurde und in *Godly Play* „Zelt der Begegnung" heißt.

Als das Volk Gottes im Gelobten Land ankam, ließ es sich nieder. Die Bundeslade wurde in Silo aufgestellt, ging aber (1 Sam 4) an die Philister verloren. Sie gaben die Lade jedoch später wieder zurück und das Volk Gottes brachte sie nach Kiriath Jerim und bewahrte sie bei Abinadaph auf, dessen Haus auf einem Hügel stand.

Dort blieb die Lade zwanzig Jahre lang, bis König David sie nach Jerusalem holte und selbst vor der Prozession hertanzte, die die Lade in die

Stadt hineintrug (2 Sam 6; 1 Chr 13–16). König David stellte die Bundeslade und das Zelt der Gottesbegegnung innerhalb der Stadtmauern Jerusalems auf. Er wollte ein Haus für Gott bauen, einen Tempel, aber Gott ließ durch den Propheten Natan mitteilen, dass erst Davids Sohn den Tempel bauen sollte (2 Sam 7, 1 Chr 17). Als die Priester dann später, unter Salomo, die Bundeslade in den neu gebauten Tempel trugen und sie im Allerheiligsten aufstellten, erfüllte plötzlich eine leuchtende Wolke den Tempel mit dem blendenden Licht der Gegenwart Gottes (1 Kön 8,1–13; 2 Chr 5,2–14). Gott war an diesem Ort, aber kein Ort kann Gott „beinhalten". Alles von Gott ist überall.

Archäologische Forschungen lassen den Rückschluss zu, dass die Art und Weise, wie Salomo seinen Tempel baute, für die damalige Zeit üblich war. Der Tempel war das Zentrum der vorexilischen Religion, die in der Einheit von Tempel und Palast, auf dessen Thron ein Nachkomme Davids saß, den Gottesbund und die Erwählung Israels wirken sah.

Nach der Zerstörung des Tempels durch die Babylonier musste diese Theologie neu durchdacht werden. Die verschleppten Juden erinnerten sich an die Wüstenzeit und schufen mit den Synagogen neue Versammlungsorte.

Nach der Rückkehr aus dem babylonischen Exil wurde der Tempel neu aufgebaut, doch ohne das davidische Königtum. Priester übernahmen die Führungsrolle. Die Zeit des zweiten Tempels wurde mehr und mehr als eine Zwischenzeit empfunden, die der Vorbereitung auf die Königsherrschaft Gottes dient, die der Messias, der Spross aus Davids Stamm, heraufführen wird.

Auch im Neuen Testament wurde dies immer wieder deutlich: bei der Tempelreinigung, beim Auftreten von Simeon und Hanna (Lk 2) oder in den Reden der Apostelgeschichte. Auch diese Theologie ist an Jerusalem und den Tempelberg gebunden. Nach der Zerstörung auch des zweiten Tempels durch die Römer 70 n.Chr. knüpft das Judentum an die längst vorhandene Theologie des Exiles an.

Im Ergründen der Einheit müssen wir sorgfältig darauf achten, die jüdische Hoffnung und Tempeltheologie nicht oberflächlich einer christlichen Deutung entgegenzusetzen. Zitate aus dem Tempelweihgebet Salomos 1 Kön 8 helfen, die Hoffnung zu verstehen, dass Gott auf diesen Ort seine besondere Verheißung legt.

Dabei wäre zu prüfen, ob sich eventuell die Theologie von der Gegenwart Gottes verschob von einer Theologie des *Namens* (einer vorwiegend auditiven Erfahrung) zu einer Theologie von *Gottes Herrlichkeit* (einer vorwiegend visuellen Erfahrung). Es könnte sein, dass die nomadische Art einer *vorüberziehenden* Gegenwart Gottes zu einer kultischen Gegenwart *durch beständige Nähe* wurde.

Es ist staunenswert, mit welcher *Flexibilität* die jüdische Theologie trotz verschiedener Katastrophen immer wieder an neue Sachlagen angepasst werden konnte – und gleichzeitig, mit welcher *Konstanz* Israel am Tempel und der mit ihm verbundenen Theologie festhält. Dies scheint der entscheidende Punkt zu sein: das Vertrauen auf die Verheißung der Gegenwart Gottes durch alle Veränderungen hindurch.

Entscheidungen und Materialien

In einem klassischen *Godly Play*-Raum befindet sich das Material auf dem Regal mit den *Glaubensgeschichten*; es besteht aus einem sechsteiligen Tempelmodell aus Edelholz (u. a. Akazie und Zeder), Zubehörteilen in einem Körbchen und einer Salomo-Figur. Während der Einheit lesen Sie das Gebet Salomos zur Einweihung des Tempels laut vor. Dies verleiht diesem Moment in der Geschichte ein besonderes Gewicht. Das vollständige Gebet können Sie nachlesen in 1Kön 8,22–53 und in 2 Chr 6,12–42; die vorgeschlagene vereinfachte Form ist ein Kompromiss. Das Material, das Sie in den Lindenwerkstätten Panitzsch erwerben können (www.godlyplaymaterialien.de), ist auf langjährige Haltbarkeit in der Freispielphase der Kinder angelegt. Als Unterlage kann eine einfarbige Matte mit kräftigem Farbton verwendet werden.

Biblische Erzähllieder gehören nicht zum Repertoire von Godly Play. Das heißt jedoch nicht, dass auf Musik und Lieder verzichtet werden müsste. Die Lieder A und B können wie gewohnt den Gottesdienst rahmen.

Der Ablauf im Überblick

Entsprechend der besonderen Methode ist der Ablauf ein spezifischer; darum wird hier auf die gewohnte Form der Tabelle verzichtet.

Eröffnung: In den Raum eintreten und den Kreis bilden (5–10')

Der Erzähler sitzt im Kreis und wartet auf das Eintreten der Kinder. Die Türperson hilft Kindern und Eltern, sich an der Tür zu verabschieden, und unterstützt die Kinder beim „Entschleunigen", wenn sie den Raum betreten. Der Erzähler hilft jedem Kind, seinen Platz im Kreis zu finden, begrüßt jedes Kind namentlich. In einem lockeren Gespräch erzählt, wer mag, was gerade obenauf liegt. Dann hilft der Erzähler den Kindern durch eigenes Beispiel und im Gespräch, für die Darbietung bereit zu werden.

Darbietung und Ergründen (15–30')

Dann zeigt und erzählt der Erzähler die Einheit des Tages. Am Ende lädt er die Kinder mithilfe einer strukturierten Folge von Impulsen dazu ein, die Geschichte gemeinsam zu ergründen.

Kreativ- und Freispielphase (20–40')

Anschließend ermuntert der Erzähler jedes Kind, sich eine Beschäftigung zu wählen, um mit dem Gesehenen, Gehörten und Gesagten weiter zu arbeiten, und entlässt die Kinder der Reihe nach aus dem Kreis. Falls nötig, hilft die Türperson den Kindern, die von ihnen gewählte Beschäftigung zu beginnen, entweder mit Geschichten- oder mit Kreativmaterialien. Während die Kinder ihren Beschäftigungen nachgehen, bleibt der Erzähler an seinem Platz. Vielleicht schaut er mit Kindern, die noch nicht in der Lage sind, sich selbst eine Beschäftigung auszusuchen, ein passendes Buch an oder bietet ihnen eine weitere Geschichte dar. Die Hauptaufgabe der beiden Erwachsenen besteht darin, Kinder in ihrer Selbsttätigkeit zu unterstützen und sie darin genau wahrzunehmen.

Ein kleines Fest feiern (15–20')

Während der Erzähler die Kinder bittet, ihre Arbeit abzuschließen, wegzuräumen und in den Kreis zurückzukehren, bittet die Türperson drei Kinder, das vorbereitete „Festessen" aufzutragen – zum Beispiel Saft, Obst oder Gebäck und Servietten. Der Erzähler lädt die Kinder ein, der Reihe nach zu beten, entweder still oder laut, bis das letzte Gebet vom Erzähler gesprochen wird. Die Kinder und der Erzähler essen gemeinsam und räumen dann auf.

Verabschiedung (5')

Je nachdem, ob bereits Eltern warten, ruft die Türperson die Kinder der Reihe nach auf, sich vom Erzähler und aus dem Kreis zu verabschieden. Der Erzähler drückt jedem Kind auf individuelle Weise seine Freude aus, es in dieser Gemeinschaft gehabt zu haben und Respekt für sein Tun.

M₁ Darbietung

Holen Sie eine Matte und bringen Sie sie in den Kreis. Rollen Sie sie in der Mitte aus. Breiten Sie das Material für diese Darbietung aus. (Tempel noch nicht zusammengebaut).Bewegen Sie Ihre Hand über die Matte, um zu zeigen, was sie darstellt.

Das Volk Gottes kam ins Gelobte Land. Als David König wurde, versammelte er alles Volk von Norden und Süden zu einer großen Gemeinschaft. Er eroberte Jerusalem vom Volk der Jebusiter und nannte es die Stadt Davids.

David und viele vom Volk Gottes ließen sich in Jerusalem nieder. Aber etwas fehlte ihrem Leben. Es war die Lade. In diesem ganz besonderen Kasten wurden die zwei Steintafeln mit den 10 Geboten aufbewahrt, den zehn besten Wegen zum Leben, die Gott seinem Volk gegeben hatte. Viele Jahre lang hatte das Volk diese Bundeslade auf seinem Weg durch die Wüste bei sich getragen und in einem besonderen Zelt verehrt, dem Zelt der Begegnung. Nun zogen David und seine Leute los, um die Lade zu holen.

Stellen Sie die Bundeslade in die Mitte der Matte und deuten Sie mit Gesten die Bedeckung durch das Zelt an.

Während sie die Bundeslade durch das große hohe Tor hineintrugen, tanzte König David vor ihr her. Sie bauten das Zelt der Begegnung auf und stellten die Lade hinein.

Später baute Davids Sohn Salomo einen Tempel, um die Bundeslade aufzubewahren und so Gott zu begegnen.

Alle im Volk mussten helfen, den Tempel zu bauen. Einige zogen hinaus in den Norden des Libanon, um dort große Zedernbäume zu fällen und sie nach Hause zu bringen.

Legen Sie die Grundplatte des Tempels auf die Matte.

Sie brachen Steine aus den umliegenden Bergen und bereiteten sie für den Bau vor, zusammen mit dem Holz.

Bauen Sie die Teile des Tempelmodells auf der Grundplatte zusammen, während Sie vom Bau erzählen. Lassen Sie während der Erzählung das Eingangstor und das Dach „offen", damit die Kinder besser hineinsehen können. Hängen Sie den Vorhang zum Allerheiligsten ein.

Der Tempel wurde größer und höher. Die Menschen staunten. Es entstand eine große Halle, in der sich die Menschen Gott nähern konnten. Und es entstand auch ein innerer Raum, genannt das Allerheiligste, für die Bundeslade. Dieser Raum wurde nur einmal im Jahr betreten, am Versöhnungstag, dem heiligsten Tag des Jahres, und nur vom Hohepriester. Der Tempel war wunderschön, mit Gold und Schnitzereien aus Olivenholz.

Zeigen Sie den Kindern ein Stück Zedernholz aus dem Tempelmodell.

Die großen Balken aus Zedernholz dufteten wundervoll, so wie dies hier.

Stellen Sie die Lade, den Weihrauchaltar, den Tisch für die Schaubrote und die Menora auf, wenn sie in der Erzählung vorkommen.

Innerhalb des Tempels stellten sie dieselben Dinge auf, die ihnen schon in der Wüste geholfen hatten, Gott zu begegnen. Die Bundeslade wurde von Priestern hereingetragen. Hier ist der Weihrauchaltar. Wohlriechender Duft erfüllte den Tempel, wenn der Weihrauch verbrannte. Hier ist der Tisch, auf dem ein Brot für jeden der zwölf Stämme Israels lag. Und schließlich haben wir hier die Menora, den siebenarmigen Leuchter.

Stellen Sie die beiden Säulen auf.

Vor den Eingang ließ Salomo zwei bronzene Säulen bauen.

An dem Tag, als die Priester die Lade zum ersten Mal hineintrugen, erfüllte eine große Wolke den Tempel mit strahlendem Licht. Gott war da.

Zeigen Sie auf den Altar und das Bronzebecken, wenn Sie von ihnen erzählen.

Vor dem Tempel stand ein Altar für die Opfergaben. Ebenso stellten sie ein großes Bronzebecken auf, damit sich die Priester waschen konnten, um sich für die Gebete vorzubereiten.

Stellen Sie die Salomo-Figur außerhalb des Tempels neben den Opferaltar. Rollen Sie das Gebet Salomos auf, um es vorzulesen.

Am Tag, als alles fertig war, trat der König vor das ganze Volk hin und betete:

„Herr, Gott Israels, es ist kein Gott, weder droben im Himmel noch unten auf der Erde, dir gleich, der du hältst den Bund und die Barmherzigkeit deinen Knechten, die vor dir wandeln von ganzem Herzen.

Aber sollte Gott wirklich auf Erden wohnen? Siehe, der Himmel und aller Himmel Himmel können dich nicht fassen – wie sollte es dann dieses Haus tun, das ich gebaut habe? Wende dich aber zum Gebet deines Knechts und zu seinem Flehen, Herr, mein Gott."

Salomo bat Gott, dass Gottes Name im Tempel wohnen dürfe. Er bat Gott, dass die Menschen zu diesem Ort kommen dürften, um ihn anzubeten und um Gerechtigkeit zu finden.

Salomo regierte klug und weise. Einige sagten, er wäre weiser als irgendjemand sonst auf der Welt. Sein Vater David war berühmt geworden für seine Lieder und als Kriegsheld, aber Salomo wurde berühmt für seine Weisheit und den Tempelbau.

Nachdem Salomo vierzig Jahre lang König gewesen war, starb er. Er wurde begraben in der Stadt Davids, wo auch das Grab seines Vaters war. Dann wurde Salomos Sohn König.

♪₂ Ergründung

Lehnen Sie sich zurück und lassen Sie einen Moment Stille. Denken Sie für sich über die Geschichte nach, während Sie sich auf die Ergründungsphase einstellen.

- Jetzt frage ich mich, welchen Teil der Geschichte ihr am liebsten mögt? (...)
- Was meint ihr, welcher Teil der Geschichte ist wohl am wichtigsten? (...)
- Ich frage mich, wo ihr selbst in dieser Geschichte vorkommt? (...)
- Welcher Teil dieser Geschichte erzählt von euch? (...)
- Ob wir wohl irgendeinen Teil dieser Geschichte weglassen könnten, und hätten doch immer noch alles an der Geschichte, das wir brauchen?

Lehnen Sie sich erneut zurück. Jetzt wird eine besondere Ergründungs-Frage eingeführt.

Wenn ihr heute nach Jerusalem fahrt, findet ihr keinen Tempel mehr. Er wurde zerstört, als man das Volk Gottes ins Exil verschleppte. Er wurde zwar wieder aufgebaut und später noch einmal umgebaut, vom König Herodes. Der lebte zur Zeit Jesu. Im Jahre 70 n. Chr. wurde dann der Tempel des Herodes durch römische Soldaten zerstört. Heute sind noch Bruchstücke erhalten, wie etwa die sogenannte Klagemauer – einer der wichtigsten Orte für Juden auf der Welt.

Wenn also der Tempel weg ist, und auch niemand mehr die Bundeslade wieder finden kann, frage ich mich, wo Gottes Ehre heute wohnt?

Wenn das Ergründungsgespräch zu Ende geht, räumen Sie das Material weg. Laden Sie die Kinder nacheinander ein, sich eine Beschäftigung für die Freispielphase zu wählen – mit dem Material der eben erzählten Geschichte, oder – sofern Sie in einem Godly Play-Raum arbeiten – ein anders Geschichtenmaterial oder etwas aus den bereitgestellten Kreativmaterialien.

September

KEIN OPFER FÜR GOTT!

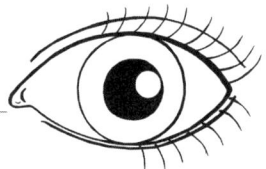

Als die Götzen Kinder fraßen

Em

Als die Göt-zen Kin-der fra-ßen, hör-te A-bra-

ham den Ruf. War auch der ein Men-schen-fres-ser,

G

der die Men-schen einst er-schuf? Nein, nein, das

D   G

kann nicht sein; A-bra-ham, bild' dir nichts ein!

D   G

"A-bra-ham, ver-steh mich rich-tig", sprach der Herr, "Ver-

traun ist wich-tig, doch den Sohn bring

D   G

schnell nach Haus, ich such' selbst das Op-fer aus!"

Text und Musik: Siegfried Macht

Einfall

„Der liebe Gott sieht alles!" Damit schüchtern auch heute noch Erwachsene ihre Kinder ein. Familientradition. Doch ich frage mich: Ist dies denn wirklich ein pädagogisches Drohwort? Ohne dieses „Sehen Jahwes" wäre der zum Brandopfer gebundene Isaak tot. Gott sieht ein Kind in Not und greift rettend ein. Also doch eher eine Mut machende Glaubenserfahrung?

Juden und Christen reiben sich seit Jahrtausenden engagiert an diesem Meisterwerk erzählter Theologie: Isaaks Akeda, Isaaks Bindung. Vielleicht sehen Kinder einfacher und klarer. Sie haben ein Recht auf diese dramatische Bibelerzählung. Auch wenn Abraham dabei gar nicht gut weg kommt. Und traditionelle Gottesbilder neue biblische Perspektiven gewinnen.

 ## Entdeckungen am Bibeltext

Was für eine fesselnde Bergerzählung! Dort, wo die spannende Segensgeschichte vom alten, kinderlosen Ehepaar Abraham und Sara (1 Mose 11,10–25,18) ihren Höhepunkt erreicht – das von Gott verheißene Kind ist endlich da – stellt sich dem „jungen" Vater Abraham eine ungeheuerliche Herausforderung: „Opfere deinen Sohn, deinen einzigen, den du lieb hast." Der weite Segensraum wird durch diese Worte, die Abraham als Auftrag Gottes (Elohim) hört, und durch Abrahams Gehorsam erschreckend eng.

Detailliert wird der dreitägige Weg auf den Berg bis zur Bindung Isaaks erzählt. Erst als Abraham das Schlachtmesser hebt, kommt endlich der erlösende Ruf des Gottesengels: „Lege deine Hand nicht an das Kind! Tue ihm nichts!"

Abraham nennt den Ort: „Jahwe sieht". Und Morija, den Berg auf dem „Jahwe sich sehen lässt."

Eine der wichtigsten theologischen Aussagen über Gottes Handeln: Jahwe sieht die Not der Kinder. Er will keine Kinderopfer, wie sie es in der Umwelt Israels und durch die Baalsreligion gegeben hat: (Jeremia 32,35; 2 Könige 16,3; 17,17; Psalm 106,38; Ezechiel 16,36). Die Tora verbietet Kinderopfer: 3 Mose 18,21 und 20,2.

So ist die Erzählung von der Bindung Isaaks eine kritische Gegengeschichte zur Praxis von Kinderopfern. Aber dennoch bleiben Rätsel.

Was sind da für widersprüchliche Gotteserfahrungen: Gott, der bedingungslosen Gehorsam fordert – Gott, der zur Bewahrung des Lebens einschreitet? Was ist das für ein Vater, der bereit ist, sein einziges Kind zu opfern?

Einige Exegeten meinen: Abraham geht von Anfang an im festen Glauben, dass Gott zu seiner Verheißung steht und Leben will, nicht den Tod. So redet er (V.5) bereits von der gemeinsamen Rückkehr und das Gott sich ein Opfertier „ersehen" wird (V.8). Dennoch: Gott, dem Abraham mit Ehrfurcht begegnet, ist in der Erfahrung des Erzählers souverän und unverfügbar beides: Bedrohung wie Rettung.

Wegen dieser offenen Fragen und des „dunklen Gottesbildes" galt die Erzählung für Mädchen und Jungen immer als zu schwierig.

Theologische Gespräche mit Kindern im Kindergottesdienst zeigen jedoch, dass das durchweg positive Gottesbild der Kinder durch diese Geschichte nicht erschüttert wird.

Einige Kinder wundern sich über Abraham: „Der handelt komisch." Ein siebenjähriger Junge reflektiert biblisch-theologisch: „Gott macht auch mal einen Fehler. Aber Gott sieht es und macht es wieder gut. Er schickt einen Engel."

Die Bibel mutet uns auch schwierige Männer- und Gottesbilder zu. Doch gerade das ermutigt nicht nur Jungen zu einem lebendigen Umgang mit den eigenen Gottesbildern. Die können dadurch wachsen und ihre Lebensrelevanz auch über das Jugendalter hinaus behalten.

Entscheidungen

In diesem Kindergottesdienst werden Kinder und das Gottesdienst-Team

- mit Psalm 139 sensibilisiert für „Gottes Sehen" als empathisches, rettendes Sehen
- der Erzählung vom guten Ausgang her begegnen
- Marc Chagalls Gemälde „Isaaks Fesselung" intensiv wahrnehmen
- miteinander theologische Gespräche führen, die das eigene Gottesbild mit der Gotteserfahrung des biblischen Erzählers kontrastieren
- in einer kreativen Gebetswerkstatt Klagen und Loben, Kyrie und Gloria vertiefen
- die Erzählung in den Zusammenhang mit dem Kreuz Jesu bringen
- Abendmahl in der Gemeinschaft der „von Gott Gesehenen und Geretteten" feiern
- ein individuell gestaltetes Erinnerungszeichen mitnehmen

 ## Der Ablauf im Überblick

Geschehen	Inhalt	Material
Ankommen	Begrüßung Klein und Groß	Lied A
Einstimmen	Erfahrung: Gott sieht mich	M1: Psalm 139,1–12 elementar
Erzählen	Isaaks Rettung	M2: Erzählen vor dem „Zelt"
Vertiefen	Bildbetrachtung und theologische Gespräche mit Kindern; Gebets-Werkstatt	M3: Theologisieren mit Bild M4: Lob- und Klage-bänder gestalten M5: Klagen und Jubeln

Geschehen	Inhalt	Material
Feiern	Abendmahl feiern	M6: Aktion Band und Kreuz M7 Hinführung und Gebet
Weitergehen	Vaterunser, Segen *Nach dem Segen wird das lange Seil vorsichtig auseinandergebunden. Jede/r nimmt ein fremdes Klage- oder Dankband mit nach Hause. Das Band kann als Erinnerungszeichen eine nachhaltige Gebetshilfe sein zum Danken und zum Klagen.*	

M₁ Psalm 139,1–12 elementar

Wir stimmen uns gemeinsam ein in eine tiefe Glaubenserfahrung. Der Beter von Psalm 139 hat sie in seinem Leben gemacht. Gemeinsam sprechen wir immer den Kehrvers:

Dann bist du um mich, Gott. Und siehst alle meine Wege.

Wir schließen unsere Augen, hören auf die Psalmworte, sehen Bilder in unserem Kopf und antworten gemeinsam.

Einzelne lesen langsam die Psalmworte. Nach einer Pause (ca. 5 Sekunden) antworten alle gemeinsam.

Ich sitze oder stehe auf.

Dann bist du um mich, Gott. Und siehst alle meine Wege.

Ich gehe oder liege.

Dann bist du um mich, Gott. Und siehst alle meine Wege.

Ich rede oder schweige.

Dann bist du um mich, Gott. Und siehst alle meine Wege.

Ich bin im Himmel.

Dann bist du um mich, Gott. Und siehst alle meine Wege.

Ich bin tot.

Dann bist du um mich, Gott. Und siehst alle meine Wege.

In mir ist es finster.

Dann bist du um mich, Gott. Und siehst alle meine Wege.

In mir ist es lichthell.

Dann bist du um mich, Gott. Und siehst alle meine Wege.

Halleluja!

Geschichte. Isaaks Rettung

Ein weißes Baumwolltuch (1,5m mal 1,5m) wird an einer Wand gespannt auf Augenhöhe der Kinder befestigt. Der / die Erzähler/in setzt sich davor.

„Ich kann es immer noch nicht glauben! Was bist du nur für ein Mann! Wolltest unser einziges Kind, unseren Isaak, opfern! Ich kann es immer noch nicht glauben, Abraham!"

„Aber es ist doch gut gegangen." Abraham legte sanft seinen Arm um die Schulter von Sara. Doch die stieß seinen Arm wieder weg. „Gut gegangen? Dass ich nicht lache!"

In diesem Moment hörten beide, wie Isaak drinnen im Zelt leicht hustete. Ganz erschöpft hatte er sich dort hingelegt und war sofort eingeschlafen. Er hatte noch nicht einmal seine Mutter Sara begrüßt. Noch nicht einmal einen Schluck frisches Wasser getrunken.

Sara schaute Abraham finster an. Der atmete einmal schwer auf. Lehnte sich dann an die Zeltwand und begann leise zu erzählen. „Es war wie ein böser Traum!" Er schloss seine Augen. Und dann sah er alles wieder vor sich.

„Abraham! Ja, es war Gottes Stimme, die mich rief. Ganz sicher. *Hier bin ich!* Und dann dieser Auftrag. *Lek leka. Geh, mach dich auf den Weg.* Das gleiche Wort wie damals in Haran.

Aber dann: *Nimm Isaak, deinen einzigen Sohn, den du lieb hast und geh hin in das Land Morija und opfere ihn dort zum Brandopfer auf einem Berge, den ich dir sagen werde.*

Es war doch Gott, versteh doch, Sara. Gottes Auftrag!"

Sara schwieg. In ihr tobte ein Sturm des Zorns. Was ist das für ein Gott, der so etwas verlangt? Und wieso hat Abraham mir nichts davon erzählt?

„Und dann bin ich früh am Morgen aufgestanden, ich wollte dich nicht wecken, Sara, habe meinen Esel gegürtet. Mit zwei Knechten und Isaak sammelten wir Holz für ein Brandopfer und zogen dann los. Zwei Tage und Nächte.

Am dritten Tag hob ich meine Augen. Da sah ich diesen Berg vor mir. Die Knechte ließen wir mit dem Esel zurück. Viel zu steil der Aufstieg. *Wenn wir dort oben zu Gott gebetet haben, dann kommen wir wieder zu euch zurück.* Und dann nahm ich das Holz vom Esel und legte es Isaak zum Tragen auf den Rücken. Viel zu schwer für meine alten Knochen. Ich nahm das Feuer und das Messer. Und so stiegen wir den Berg hinauf.

Mein Vater! – Ja, hier bin ich, mein Sohn. – Du hast das Feuer und ich trage das Holz. Aber wo ist denn das Schaf für das Brandopfer?"

Sara blickte Abraham gespannt an. Hat er Isaak die Wahrheit gesagt? Die ganze Wahrheit? Abraham schluckte mehrmals. Sein Hals war trocken wie Sandpapier.

„Mein Sohn, Gott wird sich ein Schaf zum Brandopfer ersehen."

Typisch Abraham, dachte Sara. Wenn's heiß wird, schiebt er die Sache immer auf Gott. So ein Feigling!

„Isaak schwieg. Oben auf dem Berg bauten wir aus Steinen einen Altar und legten das Holz darauf."

Sara erstarrte innerlich. Sie hörte von da an nur noch Wortfetzen: Isaak gefesselt … auf das Holz gelegt … das Messer in die Hand genommen … den Arm erhoben …

„Abraham! Abraham! Lege deine Hand nicht an das Kind und tue ihm nichts. So rief der Engel Gottes. Und dann sah ich diesen Widder in einer Dornenhecke und opferte ihn."

Abraham und Sara hatten Tränen in den Augen. Lange saßen sie da und weinten. Dann sagte Abraham: „Ich habe dem Ort einen Namen gegeben: Gott sieht."

Es wurde Nacht. Abraham schlief erschöpft an Sara gelehnt. Die blickte in den klaren Sternenhimmel: „Gott sieht. Gott sieht Isaak. Gott sieht Abraham. Sieht Gott auch mich?"

M₃ Theologisieren mit Bild Marc Chagall, „Isaaks Fesselung"

An das weiße Tuch wird mit einem OH-Projektor oder Beamer das Bild von Chagall „Isaaks Fesselung" projiziert.
(Vgl. http://www.chagall-info.de/Bildbetrachtung2.html)

SCHRITTE DER BILDBETRACHTUNG

- Still betrachten
- Erste Eindrücke und Entdeckungen einander erzählen: Farben, Sara, Mann mit Kreuz…
- Kinder in ein theologisches Gespräch miteinander führen
- Die Antworten nicht werten
- Unterschiedliche Meinungen aushalten

IMPULSFRAGEN

- Ich frage mich: Was ist der wichtigste Teil der Geschichte?
- Ich frage mich: Was ist der schönste Teil?
- Ich frage mich: Wo bist du in der Geschichte?
- Ich frage mich: Was macht der Mann mit dem Kreuz auf dem Bild?
- Ich frage mich: Kennst du noch andere Orte mit dem Namen „Gott sieht"?

M4   Kreative Gebetswerkstatt

Das Tuch abnehmen und in lange Streifen reißen.

Du hältst nun einen Teil der Geschichte in deinen Händen. Ein Stoffband. Noch ist es weiß. Gestalte es mit deinen Farben.

Stoffmalfarben oder Jaxonkreide liegen bereit und Malunterlagen.

Du kannst ein langes Dank-Band für Gott gestalten. Für Gott, der dich sieht, wie Isaak. Schreibe: Danke Gott! Du siehst mich, wenn … – Welche Farben hat dein Dank?

Oder du kannst ein langes Klage-Band für Gott gestalten. Für Gott, der hinsehen soll, wenn ein Kind in Not ist wie Isaak. Schreibe: Gott! Sieh doch … – Welche Farben hat deine Klage?

Bei reichlich Zeit für die kreative Vertiefung kann ein doppelseitiges Gebetsband gestaltet werden mit einer Dank- und einer Klageseite.

M5 Klagen und Danken

Nach einer Idee von Natalie Ende

Wir wollen aus vollem Herzen klagen und danken.

Klage-Kyrie

Wir legen unser Klageband wie einen Schal auf die Schultern. Wir lassen Kopf und Schultern hängen.

Auf die Melodie „Sana, Sananina" (Text und Musik: aus Südafrika) singen wir Klagesilben: Ach ach ach … / oh weh, oh weh, oh weh … (und weitere)

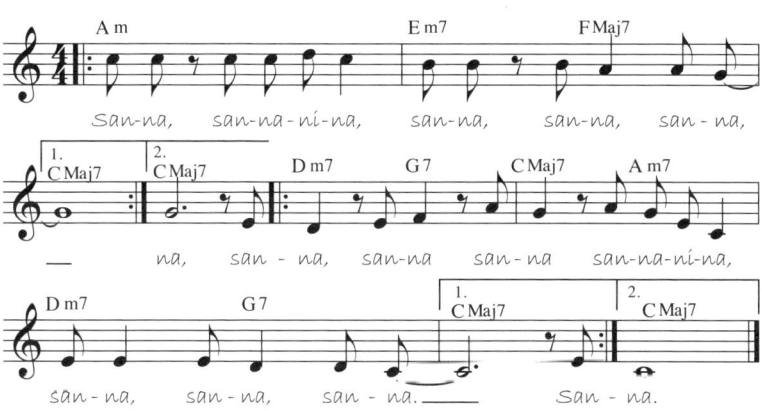

Text und Musik: Dirk Schliephake

Dank-Gloria

Wir legen unser Dankband wie einen Schal auf die Schultern. Wir tanzen und springen und bewegen unseren ganzen Körper. Auf die Melodie „Sana, Sananina" (s. o.) singen wir Dank-Silben: ha, ha, ha / la, la, la … u. ä.

M6 Aktion: Seil und Kreuz

Die Dank- und Klagebänder werden miteinander zu einem langen Seil verbunden. Dieses Seil wird mittig um das Altarkreuz gelegt, so dass sich die Seilenden links und rechts vom Altar auf dem Boden weit einladend öffnen.
Alle treten in den offenen Halbkreis vor das Kreuz.

Dank und Klage haben ihren Ort am Kreuz. Wir bringen unseren *Dank* vor Gott ans Kreuz und beten:

Wir danken dir, Gott.

Du hast deinen Sohn Jesus Christus leiden und sterben gesehen. Du warst bei ihm in seiner Not. Unsichtbar und geheimnisvoll. Du hast ihn auferweckt von den Toten zu einem neuen Leben.

Wir danken dir, Gott.

Du siehst auch uns und hilfst uns. Amen.

Wir bringen unsere *Klagen* vor Gott ans Kreuz und beten:

Gott, du siehst alle unsere Wege.
Darum bitten wir dich: Sieh unsere Not.
Sieh ganz genau hin.
Und sieh die Not der Menschen,
die wir vor dich bringen.
Schicke deinen rettenden Engel.

Amen.

Abendmahl. Hinführung und Gebet

Bei Gott sind wir geborgen wie in einem Zelt.
Wir sind beschützt und behütet auf allen unseren Wegen.
Davon singen wir:

Gott, du bist mein Zelt

Text und Musik: Dirk Schliephake

2. Gott, du bist mein Licht.
Auf allen meinen Wegen
erwärmst du mich und leuchtest mir.
Hab Dank für deinen Segen.

3. Gott, du bist mein Brot.
Auf allen meinen Wegen
gibst du mir Kraft und stärkst mich neu.
Hab Dank für deinen Segen.

4. Gott, du bist der Weg
von all den vielen Wegen.
Führst mich zum Ziel auch durch die Nacht.
Hab Dank für deinen Segen.

Hinführung zum Abendmahl

Gott sieht uns und hilft uns: wie Isaak, wie Jesus.
Wir gehören zur Gemeinschaft der Menschen, die Gott sieht.
Darauf können wir uns verlassen.
Diese Gemeinschaft können wir spüren und schmecken.
Jesus Christus, der von Gott liebevoll Gesehene,
lädt ein an seinen Tisch.

Beim Abendmahl erinnern wir uns an seine Worte.

Einsetzungsworte und Feier des Abendmahls

Oktober

© Daria Schmidt

EINE ESELIN WEISS BESCHEID

Bileam, Bileam, hör auf deinen Esel

Refrain

Bi-le-am, Bi-le-am, hör auf dei-nen E-sel! Bi-le-am, Bi-le-am,

hör auf Got-tes Wort! Seg-nen sollst du, nicht ver-flu-chen,

Gott will le-ben, Gott will Heil! Bi-le-am, Bi-le-am,

hör auf dei-nen E-sel! Bi-le-am, Bi-le-am, hör auf Got-tes Wort!

1.War einst der Se-her Bi-le-am, be-rühmt im gan-zen

Land, der hat-te Macht beim Spre-chen, wie je-dem wohl be-

kannt. Ver-fluch-te und gab Se-gen,

nach Wunsch und auch nach Plan. Ob Heil o-der Ver-

der-ben, drauf kam es ihm nicht an.

Text: Andrea Petritsch
Musik: Adrian Schmidt

2. König Balak ließ ihn kommen,
bot Schätze und viel Geld.
Sollt Israel vernichten,
das Gott so wohl gefällt.
Es waren ihm zu viele,
wie Sand an einem Meer
Die Männer, Frauen, Kinder,
die fürcht der König sehr.

3. So sollte Bileam fluchen
ganz gotteslästerlich.
Und Balak könnte siegen,
so dachte er es sich.
Doch Gott schickt seinen Engel
zu stoppen Bileam.
„Halt!" so sollt er rufen,
„ich schütz des Volkes Bahn.

4. Sprich nur in meinen Namen
und tu, was ich begehr.
Die Menschen sind mir heilig,
ich lieb sie wirklich sehr."
Doch Bileam konnt nicht hören
und sehen, was er sollt.
Sein Esel bockt und zwingt ihn,
weil er sonst nicht gewollt.

5. Dann hoch auf einem Berge,
gehorcht er Gottes Wort.
Das Volk, das wird gesegnet
und Balak möcht nur fort.
Doch Bileam und sein Esel,
die ziehen wieder heim.
Sind beide höchst zufrieden,
dass Friede kehrte ein.

Einfall

Wer kann Gottes Willen erkennen? Ist es möglich, dass eine Eselin mehr davon weiß als ihr Herr? Wir müssen immer wieder umdenken und offen bleiben, wenn wir Gott folgen wollen – davon erzählt sehr anschaulich unsere Geschichte.

Entdeckungen am Bibeltext (im Vorbereitungskreis)

Wir lesen die biblische Geschichte, auch wenn sie lang ist, in verteilten Rollen. Sie lebt von den direkten Reden.

Brainstorming auf Packpapier
- Segnen bedeutet …
- Fluch bedeutet …

Wir suchen die Segensworte Bileams aus dem Bibeltext. (Eventuell auch bekannte Segensworte aus anderen biblischen Texten, z. B. 4 Mose 6,24–26). Die Fragen der Gesprächsrunde (s. u.) bieten auch für den Vorbereitungskreis Diskussionsgrundlage.

Obwohl Bileam kein Israelit ist, bringt er mit seinen Segensworten Heil und Leben für das Volk Israel. Der Segen umfasst nicht nur Gottes Schutz und seine Begleitung auf Lebenswegen, sondern auch ganz materielle Dinge wie Landbesitz, Vieh, Versorgung mit Essen, Trinken. Jemanden segnen bedeutet im Zusammenhang der alttestamentlichen Geschichten, ihm Lebenskraft geben. Segen ist ein Bekenntnis zum Menschen, wie eine Liebeserklärung. Wenn Segen Leben bedeutet, dann meint Fluch Tod und Verderben.
König Balak fühlt sich von dem großen Volk Israel an den Grenzen seines Reiches bedroht und will mit einem Fluch dessen militärische Stärke lähmen. Dafür engagiert er den Seher Bileam. Doch dieser kann schließlich nichts anderes tun, als was Gott will.

Der Text besteht aus verschiedenen Quellen. Das erklärt Unstimmigkeiten: Einerseits darf Bileam zu Balak gehen – andererseits wird er durch einen Engel bedroht, als er geht.

Entscheidungen

In der Erzählung stelle ich es so dar, dass sich Bileam nicht mehr genau an die Worte Gottes erinnern kann und dass der Engel notwendig wird, um Bileam an Gott zu erinnern. Die Eselin wittert die Gefahr, die vom Engel Gottes ausgeht, sieht den Engel und rettet Bileam, der ahnungslos in das gezückte Schwert des Engels geritten wäre. Durch die Eselin (bzw. den Engel Gottes) lernt Bileam, dass Fluch und Segen allein in Gottes Hand liegen.

Mit einer lebendigen *Erzählung* werden die Kinder in das Geschehen hineingenommen, auch wenn sie erst einmal „nur" hören. Dabei lege ich ganz bewusst dem Bileam den aaronitischen Segen (4 Mose 6,24–26) bzw. den im Kindergottesdienst üblichen Segen in den Mund. So wird die zeitübergreifende Dimension der Botschaft der Geschichte unmittelbar deutlich.

Das *Spiellied* wird wie ein Bänkellied von Mitarbeitenden vorgetragen, statt auf Bilder zeigt er / sie jeweils auf ein Kind, das dann in die gerade besungene Person schlüpft, die entsprechende „Kostümierung" vornimmt und pantomimisch mitspielt. Die Rollenübernahme könnte natürlich auch vorher festgelegt werden.

Der Refrain enthält den Clou, in den alle singend einfallen. Das Lied kann beliebig wiederholt werden, je nachdem wie viele Kinder in die Rollen schlüpfen wollen.)

In einer *Gesprächsrunde* vertiefen wir: Segen, Fluch, Umgang mit Fremden. Was für das Volk Israel gilt, nehmen wir für uns in Anspruch: Wir freuen uns an unserem Gesegnet- Sein und sprechen uns Gottes Segen zu.

Material / Vorbereitung

Die Geschichte soll mit lebendiger Gestik und Mimik erzählt werden. Sie macht Spaß und lebt von direkter Rede, Wiederholungen und Steigerungen in der Handlung, der klugen Eselin, dem erst begriffsstutzigen

Bileam und dem aufs Verfluchen fixierten König Balak. Für das Spiellied werden benötigt: Seherbrille oder Hut; Königskrone, Eselsohren; Schwert für den Engel. Segensworte auf bunten Papierstreifen für den Segenskreis.

Der Ablauf im Überblick

Geschehen	Inhalt	Material
Ankommen	Begrüßung Groß und Klein	Lied A
Einstimmen	„Du Esel!" – Beleidigung oder Lob?	Lied: z. B. Gib uns Ohren, die hören
Erzählen	Bileam muss segnen	M1
Vertiefen	Spiellied, Gesprächsrunde	M2, Dank-, Fürbittgebet
Weitergehen	Segenskreis	M3

M1 Geschichte

Von einem Esel, einem richtigen Esel, möchte ich euch heute erzählen. Wenn ihr glaubt, Esel sind dumm, dann irrt ihr euch gewaltig.

Mein Esel ist eine Eselin und sie gehört Bileam. Bileam ist ein berühmter Hellseher, ein Magier und Wunderheiler. Er kann segnen und verfluchen wie kein anderer. Wen er segnet, der ist gesegnet, wen er verflucht, der ist echt verflucht.

Also eines Tages taucht eine Gesandtschaft bei Bileam auf. Der Moabiter König Balak hat seine Fürsten zu Bileam geschickt und bittet um Hilfe.

Das Volk Israel ist nämlich auf einmal aus der Wüste aufgetaucht, jetzt lagern sie an den Grenzen zum Land Moab. Es ist ein riesiges Volk. Balak graut es, wenn er dieses fremde Volk sieht. Denn bestimmt sind die Fremden viel stärker als seine eigenen Leute – man hat da so Einiges gehört –, bestimmt werden sie die Moabiter besiegen und dann ihr Land in Besitz nehmen. In seiner großen Angst hat Balak die Idee, Bileam soll kommen und sie verfluchen. Denn er denkt sich, wenn Bileam das fremde Volk verflucht, dann können die Israeliten nicht mehr kämpfen, dann kann er sie vertreiben und dann sind die Moabiter gerettet. Ist doch ein super Plan!

Die Gesandten kommen bei Bileam an: „Sehr geehrter Seher Bileam, unser König Balak spricht: Komm, verfluche dieses Volk Israel, es ist uns zu mächtig; vielleicht können wir es dann schlagen und aus dem Land vertreiben; denn wir wissen: Wen du segnest, der ist gesegnet, und wen du verfluchst, der ist verflucht." Höflich und ehrerbietig sprechen sie mit dem Seher. Dieser ist etwas verwundert, er bittet um Bedenkzeit. So schnell kann er sich nicht entscheiden. Aber am nächsten Morgen wird er den Gesandten Bescheid geben. In der Nacht hört Bileam Gottes Stimme: „Wer sind diese Leute, die bei dir sind? – Du sollst mein Volk Israel verfluchen? – Nein, das tust du nicht, denn dieses Volk ist gesegnet!"

Und am Morgen steht Bileam auf und sagt bedauernd zu den Gesandten: „Geht wieder nach Hause, ich komme nicht mit euch. Gott, der Herr, will keinen Fluch. Tut mir leid!"

Aber so schnell gibt Balak nicht auf. Der nächsten Gesandtschaft gibt er prächtige Geschenke mit. Wahrscheinlich will Bileam nur mehr Geld, denkt er sich.

„Sehr geehrter Seher Bileam, so spricht unser König Balak: Gold und Silber spielen keine Rolle, du sollst hoch geehrt werden, wir machen alles, was du willst, aber bitte zieh mit uns und verfluche dieses fremde Volk Israel!", bestürmen die Gesandten Bileam.

Dieser sieht das ganze Gold und Silber, die Perlen und Schätze, und ist beeindruckt. Aber er antwortet: „Auch wenn mir Balak sein ganzes Haus voll Silber und Gold gäbe, kann ich doch nicht gegen den Willen Gottes handeln, wartet bis morgen, dann gebe ich euch Bescheid."

In der Nacht hört Bileam Gottes Stimme: „Bileam, sind diese Männer schon wieder gekommen, um dich zu rufen? Du sollst nur das tun, was ich dir sage!" Aber gleichzeitig sieht Bileam in seinem Traum Gold und Silber, all diese Schätze, die ihm gehören sollen. Sie funkeln und blitzen. Und am nächsten Morgen? Was hat Gott gesagt? Bileam kratzt sich den Kopf und ist sich nicht mehr so sicher. Hat Gott vielleicht gesagt: „Na, geh halt. Wann kriegst du schließlich wieder so tolle Schätze?"?

Nachdenklich füttert Bileam seine Eselin. Doch dann packt er seine Sachen, führt die Eselin aus dem Stall und verkündet den Gesandten; „Gut, wir können gehen. Ihr reitet voraus, ich komme auf dem Esel hinterher." Die Gesandten sind erleichtert, dass sie diesmal ihren Auftrag ausführen können.

Unterwegs achtet Bileam nicht so sehr auf den Weg, er ist in Gedanken mit den funkelnden Schätzen beschäftigt, außerdem weiß er ja, dass er sich auf sein Reittier verlassen kann. Aber halt, was ist denn das? Die Eselin bockt und will nicht am Weg bleiben. Bileam versetzt ihr einen festen Schlag: „Wirst du wohl gehorchen, du störrisches Vieh!"

Aber es wird immer ärger. „Autsch!" Da hat die Eselin doch glatt Bileams Fuß an der Mauer gerieben. Wütend schlägt der Seher das Tier. „Vorwärts! Du Mistvieh!"

Aber was soll denn das? Die Eselin fällt auf die Knie, beinahe wäre Bileam heruntergefallen. Voller Zorn schlägt er mit dem Stock auf das Tier ein. Doch plötzlich hört er die Eselin sprechen: „Was hab ich dir denn getan, dass du mich so schlägst?" „Das fragst du noch, du dummes Tier? Du bockst und spinnst, wenn ich ein Schwert hätte, wollt ich dich glatt umbringen!"

„Ich bin doch deine treue und gute Eselin, auf der du geritten bist, die dich überall hingetragen hat? War ich jemals bockig und störrisch?" „Nein, das warst du nicht, aber … !"

Aber? Auf einmal sieht Bileam. Er sieht, was seine Eselin schon die ganze Zeit gesehen hat. Da steht ein Engel Gottes im Weg. Ein Engel mit einem gezückten Schwert. Sein Esel hat versucht auszuweichen. Er hat besser und mehr gesehen als er.

Jetzt spricht der Engel mit Bileam: „Warum schlägst du deine treue Eselin? Du bist auf einem falschen Weg. Wenn dein Esel mich nicht gesehen und ausgewichen wäre, wärst du jetzt tot." Bileam ist beschämt: „Es tut mir leid. Ich kehre schon um. Ich hab ja nicht gewusst, dass du da am Weg bist. Wenn es dir nicht recht ist, was ich vorhabe, dann reite ich zurück."

„Bileam, Bileam, und du willst ein guter Seher sein! Hör jetzt genau zu. Reite ruhig zu König Balak, aber dort machst du nur, was Gott dir sagt. Wehe, du lässt dir den Kopf verdrehen!"

Bileam reitet also weiter bis ins Land der Moabiter und König Balak kommt ihm sogar entgegen, empfängt ihn mit offenen Armen. „Willkommen, Seher Bileam. Warum bist du denn nicht gleich zu mir gekommen? Ich kann dich ehren und beschenken. Du weißt, worum es geht: Verfluche mir das Volk Israel."

Bedächtig antwortet der Seher: „Ja, ich bin zu dir gekommen. Aber ich kann nichts anderes reden, als was mir Gott in den Mund legt. Nur das kann ich sagen."

„Natürlich, natürlich, ist schon klar." König Balak führt Bileam auf einen hohen Berg, von dort kann man das Land und das Volk Israel überblicken, das in der Ebene lagert. Nach den Anweisungen des Sehers bauen sie sieben Altäre auf und opfern sieben junge Stiere und sieben Widder. Und dann ist der Moment gekommen: Bileam soll das Volk Israel kräftig verfluchen.

Erwartungsvoll schaut der König den Seher an und laut spricht Bileam: „Gesegnet seiest du! Wie kann ich verfluchen, wie verwünschen, wenn Gott segnet? Wer kann Gottes Volk zählen? Wer kann ihm widerstehen?" „Halt, Halt! Du sollst verfluchen, hab ich gesagt. Dafür bist du gekommen, nicht zum Segnen!" Ganz aufgeregt fällt König Balak dem Seher ins Wort. Der verteidigt sich: „Aber ich hab dir doch gesagt, ich kann nur das sagen, was …" „Ja, ja! Einen ordentlichen Fluch! Komm, probieren wir es an einem anderen Ort. Das ist sicher besser." König Balak will nicht verstehen. Wieder werden sieben Altäre aufgebaut, wieder sieben junge Stiere und sieben Widder geopfert. Wieder erhebt Bileam seine Stimme – und was sagt er? „Gepriesen seiest du, du Volk Gottes. Zahlreich werden deine Kinder sein …"

„Nein, nicht, falsch!!!" schreit König Balak voller Entsetzen auf. „Du sollst verfluchen und nicht segnen, verstehst du?! Wir gehen noch zu einer anderen Stelle, dort klappt es sicher. Und dann fluchst du!!" Und noch einmal wird alles aufgebaut und gemacht, wie Bileam es wünscht, und König Balak beschwört ihn: „Jetzt machst du es RICHTIG!!!"

Der Seher breitet schließlich die Arme aus und ruft, dass man es bis zu den Zelten der Israeliten hören kann: „Gottes Segen liegt auf dir, du bist Gottes Volk. Der Herr segne dich und behüte dich. Der Herr lasse sein Angesicht leuchten über dir und sei dir gnädig. Der Herr erhebe sein Angesicht auf dich und gebe dir Frieden." König Balak kann nur noch röcheln und verzweifelt die Hände ringen.

Doch Bileam reitet sehr vergnügt nach Hause. Schätze hat er zwar keine bekommen, trotzdem klopft er seiner Eselin den Hals: „Danke, Eselchen", sagt er, „das hast du gut gemacht. Was wäre ich nur ohne dich!" Manchmal sind Esel doch viel klüger als wir Menschen, meint ihr nicht auch?

Gesprächsrunde / Theologisieren

Fragen und Impulse

- Ich frage mich, warum wir solche alten Geschichten immer noch erzählen? Sie sind so seltsam – mit sprechenden Eseln und Engeln …
- Welche Figur / Person gefällt dir am besten? Kommst du vor in der Geschichte?
- Ich frage mich, ob es bei uns heute auch Balaks oder Bileams gibt?
- Ich frage mich, ob es das Verfluchen und Segnen noch gibt?
- Was machen denn wir, wenn wir uns vor etwas oder jemand fürchten?
- Gibt es auch bei uns fremde Menschen?

Gesprächsinhalte können in einem Dank- und Fürbittengebet zusammengefasst werden.

Segenskreis

Was Bileam dem Volk Israel zugesagt hat, das gilt auch heute für uns: Gott segnet uns. Diesen Segen können wir einander weitergeben und uns so den Rücken stärken.

Segensworte sind auf bunten Papierstreifen vorbereitet. (z. B. Psalm 115, 12–15; 1. Mose 12, 2+3); jeder / jede sucht sich ein Wort aus.

Wir stehen im Kreis, die Hände stützend an den Schulterblättern des Nachbarn / der Nachbarin. Wenn die Kindergruppe nicht zu groß ist, darf jeder ein (sein gewähltes) Segenswort sagen.

Wir singen Lied B oder (auf die Melodie von „Kumbaya"):

Und Gott segne dich, N. N. (3×),
nimm Segen mit nach Haus.

November

Das geknickte Rohr

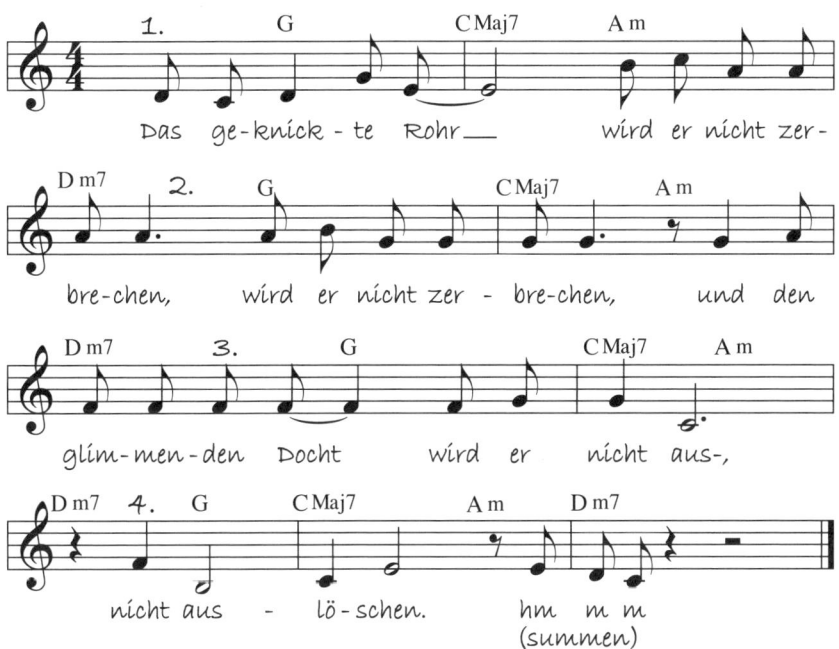

1. Das ge-knick-te Rohr___ wird er nicht zer-
2. bre-chen, wird er nicht zer - bre-chen, und den
3. glim-men-den Docht wird er nicht aus-,
4. nicht aus - lö-schen. hm m m
(summen)

Text: Mt. 12, 20 (Jes. 42,3)
Musik: Siegfried Macht

Einfall

Die Trübsal des Novembers spüren auch die Kinder; Gedanken an Schmerzen und Tod, die die Erwachsenen quälen, übertragen sich auf die Kinder. Da ist es gut, die Kirchenjahreszeit zum Anlass zu nehmen, um Traurigkeit und Verlust zu thematisieren, und die Hoffnung zu feiern, die beides ertragbar macht.

Entdeckungen am Bibeltext

Erst einmal losgelöst vom Zusammenhang mit dem verheißenen (Jesaja) bzw. gegenwärtigen (Matthäus) Gottesknecht: Lassen Sie die Bilder wirken und gehen Sie Ihnen nach:

- ein Rohr, geknickt durch einen achtlosen Fuß; jetzt hängt es schlaff, kein Saft kann mehr fließen. Was bleibt, als es zu zerbrechen?
- ein Docht, nur noch schwach glimmend; da kommt keine Flamme mehr, da kokelt es nur noch vor sich hin. Was bleibt, als ihn auszupusten?

Übertragen Sie das Bild auf Menschen – traurige, gescheiterte, die, die sich verloren haben. Was bleibt, als sie sich selbst zu überlassen? Aus den Augen, aus dem Sinn. Mit denen können wir nichts anfangen. Die ziehen uns nur runter. Oder? – Und wenn man sich zu ihnen setzte? Sie nach ihrem Leid fragte und ihnen zuhörte? Wenn man einen Trost für sie hätte, der mehr ist als leere Worte?

Es gibt einen – der hält bei dir aus. Der gibt dir nicht den Rest. Der baut dich auf. Selbst das schwächste Licht kriegt der wieder zum Leuchten. Und ein Pflänzchen, schon fast verwelkt, pflegt er, bis es wieder zur Sonne wächst. Das alles kann geschehen. Dafür steht Gott-bei-den-Menschen. Jesus Christus.

 **Entscheidungen**

- Wir beginnen mit der Prophezeiung: *Das geknickte Rohr ...* Wir wundern uns und probieren es aus.
- Wir hören von Jesu Einladung: *Kommt her zu mir ...* und spielen Geschichten, in denen diese Einladung wahr wird. Dazu verwenden wir Rollenkarten und gehen in Gruppen mit je einem Teamer.
- Wir erkennen in Jesus den prophezeiten *Gott-bei-den-Menschen*.
- Wir fragen weiter: Und wenn der Docht dann doch verlischt? Was ist der Tod? Alles aus? Wir hören: *Leben wir, so leben wir Gott, sterben wir, so sterben wir Gott – ob wir leben oder sterben, wir sind bei Gott* (denn dazu ist Christus gestorben und wieder lebendig geworden, dass er über Tote und Lebendige Herr sei); Röm 14,7–9.
- Wir feiern: Gott ist immer bei den Menschen, Auch wenn ihr Lebenslicht verlischt. *Auf beiden Seiten des Todes ist Gott-bei-den-Menschen.* Wohin kommen die Menschen, wenn ihr Lebenslicht verlischt? Ihr Lebenslicht kommt neu zum Leuchten – bei Gott, der den glimmenden Docht nicht auslöscht.

Der Verlauf im Überblick

Geschehen	Inhalt	Material
Beginnen	Begrüßung Groß und Klein	Lied A
Einstimmen	Eine Prophezeiung hören und bedenken	M1
Spielen und Theologisieren	Jesusgeschichten spielen, verstehen und auswerten	M2
Erweitern	Ob wir leben oder sterben	M3
Feiern	Kerzen für die Verstorbenen	M4
Weitergehen	Gebet und Segen	M5

M₁ **Eine Prophezeiung**

Der Raum ist abgedunkelt. Kerzen brennen. Sie werden ausgepustet. Es glimmen noch die Dochte …

Aus verschiedenen Ecken des Raums rufen, sprechen, flüstern die Teamer mehrfach den Text:

T1: Gott spricht: Freut euch; ich komme zu euch als Gott-bei-den-Menschen!

T2: Wer ist der Gott-bei-den-Menschen?

T3: Und wie erkennen wir ihn?

T4: Gott spricht: Das geknickte Rohr wird er nicht zerbrechen. Den glimmenden Docht wird er nicht auslöschen.

Die Kinder erzählen, was sie gesehen und gehört haben.

Die Teamer/innen ergänzen: Ja, dass Gott zu den Menschen kommen will, war eine alte, uralte Prophezeiung. Die Menschen, die die Prophezeiung kannten, freuten sich daran. Und hofften darauf. Und warteten …

M₂ Jesusgeschichten

Die Kinder gehen in (bis zu) vier Gruppen und erarbeiten mit der jeweiligen Teamerin eine der vorgeschlagenen Jesus-Geschichten. Weitgehend pantomimisch soll später der Gesamtgruppe vorgespielt werden, wie Jesus das „Geknickte" aufrichtet.

1 Jesus heilt den Aussätzigen	**Matthäus 8,1–4** Da ist einer, um den machen alle einen Bogen. Er hat eine ansteckende Hautkrankheit. Das heißt: Er sieht „ekelig" aus und die Leute fürchten, dass sie auch so werden … Ja, sie machen einen Bogen. Nur einer nicht: Jesus. Der geht hin zu dem Mann. Der reicht ihm die Hand. Der hat die Kraft, ihn zu heilen.
2 Jesus feiert mit denen, die keiner mag	**Matthäus 9,9–13** Da sind welche, mit denen will keiner was zu tun haben. Die machen gemeinsame Sache mit dem Kaiser in Rom. Die kassieren Zollgebühren. Sie machen die Leute arm und werden selbst dabei reich. Nein, mit denen will keiner etwas zu tun haben. Nur einer: Jesus. Der geht zu ihnen. Der lädt sie ein und feiert mit ihnen. Er gibt ihnen die Kraft, sich zu ändern.
3 Jesus macht die Hungrigen satt	**Matthäus 14,13–21** Da sind welche in der Wüste. Sie sind Jesus nachgelaufen, weil sie hören wollten, was er von Gott erzählt. Sie haben vergessen, Brot mitzunehmen. Nun sind sie in der Wüste, haben Hunger und kein Brot. Ganz, ganz viele. Und niemand, der sie satt machen kann. Nur einer: Jesus teilt sein letztes Brot mit ihnen. Und das hat Kraft, sie alle satt zu machen.
4 Jesus weckt die Tochter des Jairus aus dem Todes- schlaf	**Matthäus 9,23–26** Da ist ein Vater. Er hat Angst um sein Kind. Denn sein Kind ist krank und liegt wie tot im Bett. Die Ärzte können nicht helfen. Medizin hilft auch nicht. Niemand kann helfen. Nur einer: Jesus sagt: Fürchte dich nicht. Das Kind ist nicht tot. Es schläft nur. Sie lachen ihn aus. Aber Jesus sagt zu dem Kind: „Steh auf". Und da hat das Kind auf einmal Kraft und steht auf.

Nachgespräch

Habt ihr gesehen, was Jesus tut? Die Kranken macht er gesund, die, die Fehler gemacht haben, holt er zurück in die Gemeinschaft. Die Toten weckt er zum Leben. Den Hungrigen bricht er das Brot. Erinnert ihr euch an die Prophezeiung: *Das geknickte Rohr wird er nicht zerbrechen …?*

Zeit für Eintragungen der Kinder

Und jetzt ist da einer, der ruft: *Kommt her zu mir, alle, die ihr mühselig und beladen – elend und traurig – seid! Ich will euch erquicken …*

Zeit für Eintragungen der Kinder

Viele Leute damals erkannten und viele bekennen seitdem: Er ist es, Jesus, Gott-bei-den-Menschen! Er ist der, der uns versprochen war! Er ist zu uns gekommen!

M₃ Wenn der Docht verlischt …

Der Raum ist abgedunkelt. Kerzen verlöschen – wie M1
Aus verschiedenen Ecken des Raums rufen, sprechen, flüstern die
Teamer mehrfach den Text:

T1: Gott spricht: Das geknickte Rohr wird er nicht zerbrechen. Den glimmenden Docht wird er nicht auslöschen.

T2: Aber manchmal geschieht es: Manchmal geht der Docht aus. Und nicht wieder an. Manchmal wird es ganz dunkel.

T3: Menschen sterben. Tiere sterben. Das geschieht. Was ist dann?

T4: Gott spricht: Ich bin ein Gott der Lebenden und ich bin ein Gott der Toten. Ob ihr lebt oder sterbt, ich bin bei euch.

Die Kinder gestalten Klebebilder aus weißen und schwarzen (gelben und schwarzen) Schnipseln: Licht und Schatten, Leben und Tod. Anschließend kleben sie mitten hinein eine rote Flamme: Gott ist da – im Hellen wie im Dunklen, im Leben wie im Tod.

M4 Kerzen für die Verstorbenen

Sie brauchen: eine Festtafel (s. u.); auf einem Beistelltisch eine brennende Altarkerze, Teelichter und Gläser, in die die Teelichter hineingestellt werden.

Phase 1

Eine festlich gedeckte Tafel, z. B. mit Saft und selbstgebackenen Keksen (mit Herzformen ausgestochen) lockt zum Feiern. Aber die Kinder und die Teamer (bis auf eine) hocken am Boden – „mühselig und beladen". Eine Teamerin geht zu einem ihrer Ko-Teamer, gibt ihm einen Keks und richtet ihn auf. Dann geleitet sie ihn zur Tafel. Er nimmt Platz, will genießen, langweilt sich aber dann, nimmt einen Keks und „richtet" eines der Kinder auf … So geht es weiter, bis alle Kinder am Tisch sind. Essen, trinken, singen …

Phase 2

Einer der Teamer steht auf und geht zu dem Tischchen mit den Kerzen. Nimmt ein Teelicht, entzündet es an der brennenden Osterkerze und setzt es vorsichtig in ein Glas. Dann trägt er es zur Tafel und stellt es dort ab: „Für meine Urururoma – sie ist tot. Ich habe sie nie gekannt. Aber ich weiß: Sie lebt weiter bei Gott."

Wer von den Kindern mag, kann das (mit Hilfe) nachmachen. Es können weiterhin Urururur-Vorfahren genannt werden (das tut dann nicht weh), aber möglicherweise möchte das eine oder andere Kind auch eine Kerze anzünden für eine näher stehende Verstorbene. Das bleibt ganz offen … (die Teamer werden Acht haben und behutsam mit der sensiblen Situation umgehen).

Am Ende steht noch einmal ein gemeinsames Lied.

Gebet und Segen

Gott, du bist Gott-bei-den-Menschen!
Du bist bei uns,
wenn wir uns freuen,
du bist bei uns,
wenn wir traurig sind.
Du bist bei uns,
wenn wir stark sind,
du bist bei uns,
wenn wir schwach sind.
Und auch wenn wir sterben.
Du machst nicht kaputt,
du machst heil,
Gott-bei-den-Menschen,
Vater und Sohn.
Wir danken dir, Gott. Amen.

Und Gott, der Herr über Leben und Tod,
segne uns und behüte uns
und erquicke uns mit der Kraft seiner Güte. Amen.

Dezember
LICHT FÜR DIE ARMEN

Komm, komm, Nikolaus
Kanon für drei Stimmen

1. F
Komm, komm, Ni - ko - laus, komm

C7 F
auch in un - ser Haus.

2. F
Komm auch dies Jahr, wie's da - mals war, ja,

C7 F
hört nur, ihr Kin - der, was da ge - schah.

3. F
Kei - - ne Not: Im

C7 F
Ha - fen liegt schon das Boot.

Text: Siegfried Macht
Musik: mdl. überliefert

2. Komm, komm, Nikolaus,
komm auch in unser Haus.
Du hast die Armen reich gemacht.
Du hast den Hungernden Korn gebracht.
Keine Not, denn Sack um Sack kommt vom Boot.

3. Komm, komm, Nikolaus,
komm auch in unser Haus.
Bring uns manch Apfel, Nuss und Keks und
allerlei Schönes von unterwegs.
Keine Not, denn niemals leer wird das Boot.

Einfall

Seit mehr als 1000 Jahren werden Nikolaus-Legenden erzählt. Wir kennen ihn aus zahlreichen Bräuchen und Liedern, sein Todestag – der 6. Dezember – wird heute noch gefeiert. Woran liegt das eigentlich?

 ## Entdeckungen in der Tradition

Um den Kindern diesen Mann engagiert nahebringen zu können, hier zunächst einige Informationen:

Nikolaus spiegelt die elementaren Anliegen christlichen Glaubens und sozialen Lebens wider: Er schützt und schenkt Leben, davon erzählt jede Legende. Er war besonders Kindern und Jugendlichen zugewandt.

Im Mittelalter wurde Nikolaus zum Schutzheiligen vieler Berufsgruppen, wie der Flussschiffer, Bergleute, Händler und Bäcker. Viele Randgruppen stellten sich unter seinen Schutz. In Europa bekamen ca. 2000 Kirchen seinen Namen.

Sein Name „Nikolaus" ist griechisch und heißt: „Sieg des Volkes". Das hat folgenden Hintergrund: Bis ins dritte Jahrhundert nach Christus werden Christen im Römischen Reich verfolgt, sie sollen nicht Gott, sondern den Kaiser anbeten. Das aber lässt sich immer weniger durchsetzen, die Christen bleiben standhaft und werden immer mehr. Als im Jahre 313 unter Kaiser Konstantin das Christentum Staatsreligion wird, nennen viele Familien vor Freude über den Sieg ihre Söhne „Nikolaus".

Seit dem Mittelalter wurde (und wird bis heute) Nikolaus auch als „Erziehungshelfer" missbraucht: Am Vorabend des 6. Dezember kam „Bischof Nikolaus", begleitet von „Knecht Ruprecht", in die Häuser, um die Kinder zu prüfen. Die, die „böse" gewesen waren, wurden bestraft, die, die „brav" gewesen waren, belohnt. Heute noch gibt es Ruten und / oder Süßigkeiten in den Nikolausstiefel. Ein Missbrauch, wie gesagt. Denn der echte Bischof Nikolaus trat in seinem Handeln stets ein für die Würde des Menschen.

Schließlich wurde aus dem Nikolaus der Weihnachtsmann: Aus den Attributen Bischofsmütze, Stab und Geldbörse wurden im Laufe des 19. Jahrhunderts Pelzmütze, Wanderstab und Gabensack. Schließlich bekam der Weihnachtsmann vom Werbegrafiker der Firma „Coca Cola" deren Farben verpasst: rot für den Mantel und weiß für Bart und Pelzbesatz. Aus dem beschenkenden Heiligen wurde derjenige, der den Menschen vor Weihnachten das Geld für Geschenke aus der Tasche zieht, an dem andere verdienen.

Wir – heute, hier, im Kindergottesdienst – wollen vom Bischof Nikolaus erzählen, weil er für uns zum Vorbild (nicht zum „Heiligen") werden kann – indem wir dazu einladen, sich für Schutzbedürftige und Außenseiter einzusetzen.

 ## Entscheidungen

Es gibt viele unbekannte Nikolaus-Legenden, die es sich zu erzählen lohnt. Trotzdem haben wir für den Kindergottesdienst eine der bekanntesten ausgewählt: die Legende von der Rettung aus Hungersnot in der Stadt Myra. Sie bietet Mädchen wie Jungen in altersgemischten Gruppen vielfältige Möglichkeiten der Identifikation und der Übertragung.

Geschehen	Inhalt	Material
Beginnen	Begrüßung Groß und Klein	Lied A
Einstimmen	Kritzelspiel: Das ist das Haus vom Nikolaus ... – wirklich?	M1a
Erzählen I	Die Legende von der Ameise und dem Nikolaus; neuer Kritzelversuch	M2 und M1b
Erzählen II	Die Hungersnot in Myra	M3
Gestalten	Für Klein und Groß	M4
Vertiefen	Ein Kirchenspiel (Nikolaus als Beschützer erleben)	M5
Weitergehen	Gebet und Segen	M6

Materialhinweis: „Nikolaus ist ein guter Mann", 15 Unterrichtsbausteine für Kita, Schule; Konfirmandenunterricht und Gemeindearbeit, B. Hecke-Behrends, Ute Lehmann-Grigoleit, Lothar Teckemeyer, Hrg.: Kirchengemeinde Nikolausberg, Augustinerstrasse 17, 37077 Göttingen

a. Das-ist-das-Haus-vom-Ni-ko-laus?

1. Versuch: Die Kinder sprechen diesen Vers und zeichnen (Filzstift auf Papier) für jede Silbe einen Strich; so entsteht – ohne abzusetzen! – ein Haus – das Haus des Nikolaus? Wirklich? Woran erinnert es denn?

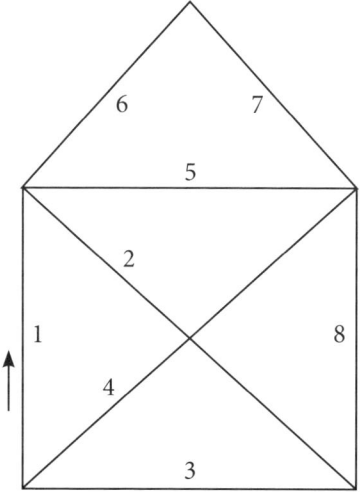

b. Das-ist-das-Haus-vom-Ni-ko-laus!

2. Versuch (nach Erzählung M2): Das Haus des Nikolaus neu gemalt – und zwar in Form einer Kirche, die ebenfalls aus 8 Silben / Strichen entsteht:

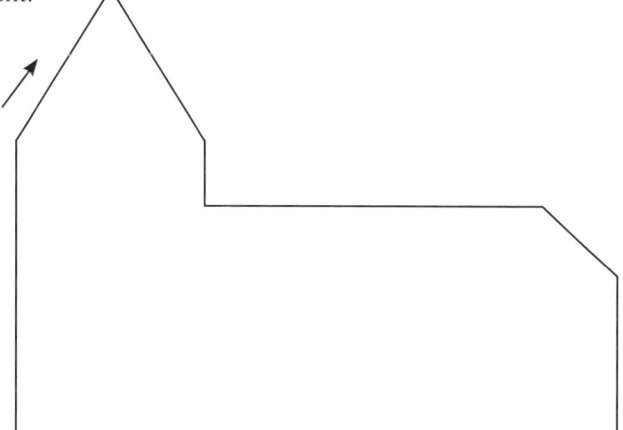

Nikolaus und die Ameise

Eine Ameise hat sich das Bein gebrochen, eines von ihren sechsen. Das tut ganz schön weh. Darum humpelt sie zum Arzt. „Sieh mal, Arzt", sagt sie. „Ich habe mir ein Bein gebrochen. Bitte schön: Kannst du mich heilen?" „Tut mir leid, Ameise", sagt der Arzt. „Ich kann nur Menschen heilen. Ich rate dir: Geh zum Tierarzt."

Da schleppt sich die Ameise zum Tierarzt. „Tierarzt", sagt sie. „Sieh mal: Ich habe mit ein Bein gebrochen. Ach, mach schon: Mach es heil!" „Tut mir leid, Ameise", sagt der Tierarzt. „Ich kann nur große Tiere heilen." Da fängt die Ameise zu weinen an. „Aber wer – aber wer – kann mich – heilen?", schluchzt sie. „Ameise", sagt der Tierarzt. „Geh zum Nikolaus." „Wo wohnt denn der Nikolaus?", fragt die Ameise. „Wo ist sein Haus?" Und der Tierarzt zeigt ihr die Kirche.

Mit letzter Kraft erreicht die Ameise die Kirche. Unter der schweren Tür schlüpft sie durch. Da steht er, der Nikolaus: am Altar. „Nikolaus", flüstert die Ameise. „Bitte, bitte – du musst mich heilen! Es tut so furchtbar, furchtbar weh!" „Keine Angst", sagt Nikolaus und beugt sich zu der Ameise hinunter. Er streckt einen Finger aus und streichelt ganz, ganz sanft Ameises Bein. Und da – sie spürt es gleich: Da heilt es!

Nach einer wallonischen Fabel

138

Die Hungersnot in Myra

Mein Magen knurrt. Morgens, wenn ich aufwache, spüre ich gleich den Hunger und am Abend beim Einschlafen ist es das Letzte, woran ich denke: Ich will was Essen! Das geht schon seit Tagen so hier bei uns in Myra. Wir hatten einen schlechten Sommer, wenig Sonne und fast keinen Regen – das gab's keine Ernte. Und das bisschen Korn, das noch da war, war schnell aufgegessen. Nicht nur bei uns zu Hause, bei meinen Freunden auch.

Ach, eh' ich's vergesse: Ich bin Andreas und wohne in Myra, einer großen Hafenstadt am Mittelmeer. Bei uns landen jeden Tag viele Schiffe, fremde Leute steigen aus, Gewürze und Stoffe aus Indien und Arabien werden aus- und umgeladen. Bei uns ist immer war los, besonders am Hafen. Da bin ich oft, treff mich mit meinen Freunden und schau zu.

Auch jetzt gehen wir jeden Tag zum Hafen, jetzt, wo Hungersnot in unserer Stadt herrscht. Denn Hilfe kann nur über das Meer kommen! Wir brauchen Schiffe, die uns Korn bringen, damit wir wieder Brot backen können. Jeden Tag stehen wir im Hafen und schauen uns die Augen aus – aber kein Kornschiff taucht am Horizont auf. Da stehen wir dann, Große und Kleine, müde und hungrig. Unter den vielen Menschen ist auch immer unser Bischof, der Nikolaus. Der ist unser oberster Kirchenmann.

Den mag ich gern! Immer hat er ein Stück Brot für uns in der Tasche, ich weiß auch nicht, wo der das immer noch herhat! Oder einen schrumpeligen Apfel. Freundlich ist der zu uns Kindern, das sind viele Große nicht. Die schnauzen uns nur an und schicken uns an die Arbeit. Nicht so unser Bischof Nikolaus! Der hält mit uns Ausschau nach dem Kornschiff, jeden Tag. Und tröstet uns abends, wenn wir hungrig heimgehen: „Habt keine Angst! Gott hat uns nicht vergessen! Das Korn wird kommen, haltet aus."

Und tatsächlich: Eines Morgens tauchen sie am Horizont auf: eins, zwei – nein, drei Schiffe! Schwer beladen liegen sie im Wasser, die Säcke glänzen hell in der Sonne! Ich bin sofort nach Hause gerannt: „Vater, Mutter, kommt schnell, wir sind gerettet!" Wie ein Lauffeuer verbreitet sich die Nachricht in der ganzen Stadt, alle kommen zum Hafen und schauen zu, wie die Schiffe näher kommen, alle sind ganz aufgeregt, weinen und lachen zugleich: endlich Korn! Endlich Brot!

Doch – was ist das? Da tauchen plötzlich kleine, leichte Schiffe auf; eins und noch eins und immer mehr! Sie sind schneller als die schweren Kornschiffe, drängen sich dazwischen, schieben sich davor, halten sie an. Jetzt ist eine Flagge zu sehen. „Piraten!!" Der Schrei gellt durch das Hafenbecken, alle stehen wie erstarrt. Vater ballt die Fäuste, Mutter schlägt die Hände vors Gesicht und nimmt weinend meine kleine Schwester auf den Arm, ich spür wieder meinen Magen, wie der knurrt.

Eines der Piratenschiffe kommt näher, immer näher, wirft vor dem Kai seinen Anker. „Ihr Bürger von Myra!", schallt die Stimme des Kapitäns über das Wasser: „Ihr Bürger von Myra, hört mir zu! So einfach bekommt ihr das Korn nicht, die Schiffe sind in meiner Gewalt, ihr müsst sie mir teuer bezahlen!" Es ist ganz still im Hafen. „Na, hat es euch die Sprache verschlagen? Holt schon euer Gold!" Da tritt der Bischof Nikolaus vor: „Seid nicht so grausam! Die ganze Stadt hungert! Besonders die Kinder, wir haben keinen Krümel Brot mehr! Und auch kein Geld – alles ist schon ausgegeben für Brot. Lasst die Schiffe herein!" Der Kapitän der Piraten lacht laut auf: „Wo denkst du hin? Hast du mich nicht verstanden? Holt euer Geld!"

Die Leute stöhnen, sie sind ganz verzweifelt. „Wir haben nichts mehr, so hör doch!", ruft der Bischof erneut. „Gut, wenn ihr kein Geld habt, so nehme ich eben eure Kinder Die kann ich in Ägypten als Sklaven verkaufen." Die Leute schreien auf. „Niemals!", ruft Nikolaus.

„Gut, ihr müsst wählen: Entweder gebt ihr mir die Kinder oder ihr verhungert!", ruft der Pirat. Mutter hält meine kleine Schwester ganz fest, aber – was ist das? Der Vater von meinem Freund Josua packt ihn am Arm, knurrt: „Na, dann müssen wir wohl, besser, als dass wir alle verhungern!" Josua starrt seinen Vater an, schlägt wild um sich, fängt an zu schreien. Wie andere Kinder auch! Immer mehr Große packen die Kinder an Armen und Beinen und schleppen sie näher an das Schiff der

Piraten. Das legt gerade an der Kaimauer an. Ein anderer Nachbar sieht Vater drohend an, kommt näher und sagt: „Nun mach schon, bring deine Kinder auf das Schiff, wir haben Hunger!"

Aber das darf doch nicht wahr sein! Vater, Mutter, ich will bei euch bleiben! Bitte, bitte liefert mich nicht aus, ich … – wo ist denn unser Bischof, er hat uns Kindern doch immer geholfen! Er kann das doch nicht zulassen! Sind denn alle verrückt geworden!?

Alle schreien durcheinander, die ersten Kinder werden auf das Piratenschiff gezerrt, sie weinen und winden sich – da ist plötzlich eine laute Stimme zu hören: „Halt! Sofort aufhören!" Die Leute stehen still, der Kapitän dreht sich um. Da ist Bischof Nikolaus, endlich! Er drängt sich durch die Leute, ganz außer Atem steht er neben dem Schiff. In der Hand einen großen Sack.

Der Bischof öffnet den Sack, sein Hirtenstab und seine Bischofsmütze glänzen in der Sonne: „Keines unserer Kinder verlässt die Stadt! Ich habe das Lösegeld – schaut her: alle Leuchter, Kreuze, alle Abendmahlteller und -becher, alle Taufkannen! Der ganze Kirchenschatz! Der ganze Sack voller Goldkugeln! Ich geb sie für die Schiffe mit dem Korn. Lasst sie herein! Sofort!" Einen Augenblick ist es totenstill, dann lacht der Pirat: „Mir soll es recht sein! Damit hab ich weniger Ärger als mit den Kindern! Her mit dem Geld!"

„Erst gehen die Kinder wieder von Bord!", donnert der Bischof. Und wirklich, die Piraten binden sie los, sie taumeln über den Laufsteg, ihren Eltern in die Arme. Und dann wuchtet Nikolaus den Sack voller Gold auf das Schiff. Der Kapitän hebt den Arm und die Sperre vor den Getreideschiffen löst sich auf – sie kommen langsam näher, durch die Hafeneinfahrt, sie legen wirklich an! Alle drei! Wir sind gerettet!

Ich halte mich an Vaters Bein fest, mir ist ganz komisch im Magen. Der Bischof Nikolaus lacht, er wischt sich den Schweiß von der Stirn: „Wir haben es geschafft! Wir sind gerettet! Unsere Kirchen sind nun leer und ohne Schmuck, der Kirchenschatz ist dahin. Aber unser größter Schatz, unsere Kinder – sie sind gerettet! Und damit unsere Zukunft! Vergesst das nie."

Abends liege ich im Bett, zum ersten Mal seit langem bin ich satt, ganz satt. Oh, wie hat das gut geschmeckt, das frische Brot, das Mutter aus dem Korn gebacken hat! Das ganze Haus duftet noch! Gott sei Dank! Besonders für Nikolaus, unseren guten Bischof! Der hat mich gerettet! Mich und die anderen Kinder! Ohne den säßen wir jetzt im Bauch eines Piratenschiffes und würden unsere Eltern nie wiedersehen! Aber auf Nikolaus ist Verlass, der hat uns Kinder lieb! Der ist auf unserer Seite. Wie Jesus.

Für Klein und Groß

Für Jüngere: Goldkugeln auf Baumscheiben
MATERIAL

Getrocknete Baumscheiben, ca. 13 cm Durchmesser, 2 cm hoch / Goldband (Geschenkband, kann auch Ringelband sein) / pro Kind ca. 20 kleine Nägel mit aufgeprägten Köpfen / pro Kind einen kleinen Hammer

AKTION

Die Kinder klopfen die kleinen Nägel kreisförmig verteilt über die Baumscheibe ein. Das Goldband wird an einem Nagel verknotet. Es wird immer wieder zu anderen Nägeln gespannt, die Fäden überkreuzen sich schnell und bilden bald eine goldene Kugel. Am Ende das Band verknoten – fertig!

Für Ältere: Briefe an den Nikolaus schreiben
MATERIAL

Schönes Briefpapier / Feinliner / Adresse: An den Nikolaus in Nikolausberg, 37707 Göttingen

AKTION

Nikolaus hat ein Ohr für die Sorgen und Freuden von Kindern. Sie können ihm davon schreiben und bekommen von ihm einen Rat, was sie tun können.

Die Kinder erstellen eine Rangliste.

Sie entwerfen gemeinsam einen Brief an den Nikolaus oder jede/r Einzelne schreibt selber einen Brief.

Ms Ein Kirchenspiel

Wir spielen ein altes Kinderspiel: Einer muss die anderen fangen – um zu entkommen, darf man sich hinhocken und muss ein bestimmtes Wort rufen – dann kann man nicht abgeschlagen werden. Wenn ein anderes Kind einen wieder freischlägt, kann man wieder mitspielen.

Dieses Spiel wird auf den Kirchenraum und den Nikolaus übertragen: Es wird in der Kirche (!) fangen gespielt, und wenn ich mich hinhocke und „Nikolaus!" rufe, kann ich nicht abgeschlagen werden. Zusätzlicher „Freiplatz" ist der Altar – wenn ich meine Hand darauf lege, bin ich unantastbar. Gibt es im Kirchenraum mehrere Altäre und / oder eine Nikolausstatue, reichen diese Orte als Freiplätze. Die Kinder legen die Hand darauf und rufen „Nikolaus!".

Der Bischof Nikolaus ist einer der bekanntesten Schutzheiligen. Er ist in Gottes Haus zu Hause. Unter seinen Schutz darf ich mich jederzeit flüchten. Das wird im Spiel aufgenommen und erprobt.

Spielerisch Kirche und Glauben entdecken

Dirk Schliephake / Martina Steinkühler

Was machen die Kinder in der Kirche?

Bilderbuch
2011. 24 Seiten durchgehend illustriert von
Susanne Göhlich, kartoniert
ISBN 978-3-525-63029-7

Mit diesem Bilderbuch lernen Kinder spielerisch den Kirchenraum und die Feste des Kirchenjahres kennen.

Taufe, Kinderkirche, eine Trauerfeier und eine Trauung, Osternacht, Pfingsten, Einschulung, Erntedank, der Reformationstag, Advent und Weihnachten – das sind die Anlässe und Feiern, mit denen Kinder in liebevollen detailreichen Doppelseitenillustrationen bekannt gemacht werden. Auf jedem Bild gibt es viel zu entdecken und zu erfragen. Immer dabei ist der kleine Hund, der den Kindern in die Kirche gefolgt ist und neugierig ihren Gottesdienst beschnüffelt. Das Bilderbuch ist vielfältig einsetzbar für Gespräche über Gott und die Welt, als Werbung für Kirche oder einfach, um es einem Kind in die Hand zu geben, damit es sinnvoll im Gottesdienst beschäftigt ist.

ERGÄNZEND DAZU:

Dirk Schliephake / Martina Steinkühler

Was machen die Kinder in der Kirche?
Einführungen und Materialien

Ca. 48 Seiten, kartoniert
ISBN 978-3-525-59499-5 / erscheint im Oktober 2011

Dieser Band bietet Einführungen für die Erziehenden sowie Arbeitsblätter und Kreativimpulse für die Kinder. Didaktisch und methodisch aufbereitet sind die Themen: Kirchenraum, Gottesdienst, Feste im Kirchenjahr, Gott und ich, Bibelgeschichten – die klassischen Schwerpunkte jedes Religionsunterrichts in Grundschule wie Gemeinde.

Vandenhoeck & Ruprecht